自己肯定感が育つ
遊び方、学び方

モンテッソーリ式

extraordinary parenting

the essential guide to parenting and educating at home

おうち子育て

山内めぐみ 訳

エロイーズ・リックマン 著

ダイヤモンド社

extraordinary parenting

by

Eloise Rickman

はじめに

おうち子育てには、世界を変える力があります

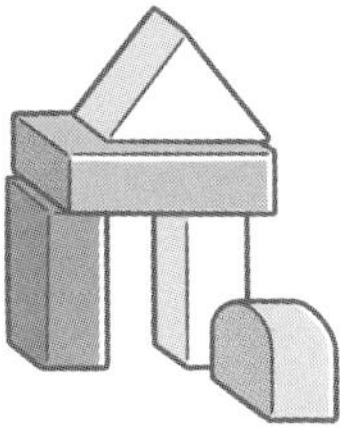

大変な時代に、子どもを育てるということ

私たちは、とても特別な時代を生きています。

まったく予想もしなかったようなことが起きたときは、誰だって、「大変だ」「どうしよう」と不安に襲われて、何もできない自分を追い詰めてしまうもの。

でも、安心してください。私たちにできることは、ちゃんとあります。そりゃあ、地球規模で広がる病気を治したり、気候変動をただちに食い止めたりはできないでしょう。

でも、私たちにもできることはあるのです――自分だけでも取り組めて、世界を変えられる方法――それは、親子の絆を大切にはぐくむ、おうち子育てです。

子育てには、大きな力があります。家庭や社会、さらに世界をよくする力があ

ります。危機的な状況に置かれたときは、自分も不安を抱えつつ、家族の安全を守り、家族がお腹をすかせないように、家族ができるだけ安心して過ごせるように、気を配らなくてはなりません。

そんななか、親として今何を優先したらいいのか考えるのはむずかしいですよね。でも、見方を少し変えれば、私たちは困難という名の挑戦をしかけられていて、どうやってこの状況を切り抜けられるか試されている、ともとらえられます。

親として、自分たちが大切にするものは何かを考え直し、子どもとのつながりを深める貴重な機会を与えられているのです。この本では、そのためのヒント、そして、不安定な時代をすこやかに生きていく方法をお伝えします。

何が起ころうとも、1つだけたしかなことがあります。それは、あなたのお子さんは、いつでもあなたを必要としているということです。

「おうち子育て」を成功させる5つのポイント

大変な状況のまっただなかにいても、家族が落ち着いて過ごし、互いに気持ちをつなげるために、親の私たちにできることがあります。それは、子どもがこの時代という荒れ狂う海のなかを、安全に、あわてずに進んでいける船を作る方法といえるかもしれません。

次の5つは、子育てと教育の中心となるものです。子どもが何歳でも、あなたの身の回りで何が起きても変わらない、軸だと考えてください。

❶ 家族のつながりを優先しましょう

遊びと共感を大切にした子育てで、子どもとの絆を深めましょう。

❷ 強く柔軟なリズムを作りましょう

世のなかが不安定で、これまでの生活が変わってしまっても、子どもが先の見通しを立てやすく安心できるようなリズムです。

❸ 余計なものをなくした、落ち着ける家庭環境を作りましょう

遊びの内容が深まり、自立をうながせます。また、つらいときはあなた自身を守るシェルターにもなってくれます。

❹ 家族みんなが楽しく学べる方法を探しましょう

子どもが、その子なりの興味や得意なことを見つけて成長する手助けをしましょう。

5 親として、あなた自身が必要とするものは何か、よく考えてみましょう

あなたは、子どもが求める親になれればいいのです。

この本の読み方

この本は教科書ではありません。自宅学習用の練習問題もないですし、読み書きを教えるための具体的な方法が書いてあるわけでもありません。

ここでご紹介するのは、子どもが自然に、楽しく学べる家庭を作るための「おうち子育てのヒント」です。

あなたが、子ども主体のかた苦しくない学習方法を選ぶにしても、教科書や問題プリントを使って勉強させたいと考えるにしても、おうちで幸せに、豊かな学びを深めるための土台は同じだということを知っておいてください。

前半の3つの章は、この土台の作り方をテーマにしています。

第1章では、安心できる心地よい親子関係を作る方法をお伝えします。

第2章では、どんなときも揺らがない、おうちでの生活のリズムを作る方法をお教えします。

第3章では、おうちの環境作りを通して、子どもの欲求に寄り添いながら、子どもが遊びを通して自主的に考え、自立心を育てる方法をご紹介します。

第4章では、自宅で教育するときに役立つヒントやアイデアをまとめました。子どもが何歳でも活用できますし、もともと自宅学習を考えていたご家庭でも、突然そうせざるを得なくなってしまったご家庭でも、参考になると思います。


また要所で、親であるあなたが望みを叶えるための環境作りについてお話しします。おうち子育てでも、自宅学習でも、親が自分自身について見つめ直すこともとても大事です。なぜなら、子どもにとっては、「あなた」が、誰よりも大切な指導者であり支えなのですから。

さらに、この本では、私がおうち子育てのコーチングをするなかで、さまざまなパパやママ、専門家とお話ししてきたことや、本や研究データを参照して、驚いたり感心したりしたことをコラムで掲載しています。

各情報のソースや、おすすめの本やウェブサイトの一部なども、ご紹介します（https://www.diamond.co.jp/go/pb/ouchi.pdf を参照）。

うちにあるものだけで、本書のすべてが実現できます

この本に書かれていることを実践するにあたって、新しいおもちゃや道具を買ったり、高額なプログラムを購入したりする必要はいっさいありません。自宅学習をするのにふさわしい環境を整えるために大切なものは、あなたの家にはもうあるはずですから。

よい本が何冊か、それと食べ物、あとはパパ、ママだけです（それどころか、子どもにはものは少ないほうがいいということがわかってくると、どんどん捨てたくなってくるかもしれませんよ）。

恵まれた子ども時代を送らせるのにも、優れた教育を与えるのにも、大きな家や庭を持っている必要はありません。この本でご紹介する内容は、どんな家でもできます。

また、特に時間がかかるわけでもありません。私自身、仕事に追われながら、

娘を自宅学習で育てるなかで気づいたのですが、時間は貴重な資源です。私がご紹介するアイデアは、ほんの短い時間で試せます。

おうちのリズム作りやおもちゃのローテーションなどといった、ちょっと大きな取り組みも、一晩あればできます。結果的に時間の節約にもつながるでしょう。

「おうち」は最高の学びの場になれます

おうちでの子育ても自宅学習も、手にある大仕事のように感じてしまうのはよくわかります。一度しかない子ども時代です。親としてはなんとかして満ち足りたものにしてあげたいですよね。

でも、子どもにとって最高の親は、パパ、ママであるあなただけです。子どもの学びを支えられるのも、あなただけ。あなたほど、わが子を知り、愛している人はどこにもいません。親と子は、いわばチームなのです。

病気のためであれ、家族の問題のためであれ、予想外のトラブルのせいであれ、もしも子どもが急に学校に行かなくなってしまったら、経験できたはずのさまざまな機会を逃してしまうと、親は心配しますよね。

私が知っているとあるママは、3人のお子さんが通う学校がコロナウイルスのために休校となってしまいました。そのママは、自分が勉強を教えなければならなくなり、とても不安だと話してくれました。

「子どもたちがたくさんの宿題をちゃんとこなしているかチェックしていますが、これからも続けていけるかどうか自信がありません。あの子たちが奪われてしまったものの大きさを思うと、胸が張り裂けそうです。友だちと遊べなくなって悲しんでいますし、この生活にもうあきあきしてしまっているようにも見えます」

もしも、やむを得ず自宅学習をしなければならなくなったとき、あなたも同じように思うのではないでしょうか――特に、これまで一度も自宅学習なんて考えたこともなかったら。


急に自宅学習をする立場になっても、そんなに悲観する必要はありません。

私もこれまでに、多くのパパやママから前向きな意見を聞いてきました。子どもと過ごす時間が増えたり、子ども時代にちょっとしたプラスアルファをあげられたりするのです。宿題や制服から解放できたり、自宅学習を長い目で見てどう進めていくべきか検討できる機会となったり、といったメリットもあるのです。

学校教育のなかの不自由さを超えて

この本では、子どもの興味や好奇心を刺激し、みずから学びたいと思わせるためのヒントをお伝えします。

教科書で学ばなくても、子どもと一緒に過ごす日々の暮らしや発見を通して、読み書き計算はできるようになります。道に落ちている葉っぱから季節を知ることもあるでしょうし、テレビを観ていて、サメに興味を持ったりもするかもしれませんね。

おうち子育てのコーチングを通して、私は多くの家庭が、学校と自宅学習の間で板ばさみになっているのも見てきました。学校から送られてくる課題もこなし、テストにも備えるよう求められるからです。

ですから、かた苦しくない学習法だけでなく、正規の学習法についても、あなたとお子さんにとって本当に身につく経験となるようなやり方を考え、人生に生かしていきましょう。単に、学習の場を教室からおうちに変えるだけではないのですから。

自宅学習を長くやってきたご家族は、昔ながらの学校教育にある制約から自由になれば、何でもできると知っています。家庭で学ぶ子どもはストレスが減り、自然に学習したいと思えて、どんどん興味が広がります。

家族全員にとっても、学べる経験が増えますから、あなたも宇宙や古代エジプトなどについて知り直せるかもしれません。

学校の単なる代わりなんかではなく、あなたの家は最高の学びの場なのです。

モンテッソーリ式で育った私のアイデアをすべてお伝えします

この本では、私がおうちでの子育て教育者として、また自宅学習を実践する忙しい1人の母親としての経験のなかで生み出したアイデアをお伝えします。私自身も変われるきっかけとなったアイデアが、多くのパパ、ママの人生をよりよくする助けになればと願っています。

親になる以前から、私という人間はこうしたアイデアによって作られたといえるかもしれません。というのも、一時期ですが私自身も自宅学習で育ったからです。日々を海岸や図書館で過ごし、本を読み、遊び、長い休暇を祖父母と過ごした貴重な時間は、私の子ども時代とその後の人生に、それは大きな影響を与えてくれました。

母はモンテッソーリ教育を取り入れていて、砂文字板などを作ってくれましたが、私の幼少期は、ほとんどが遊びを中心とした、子ども主体の、自然な教育環境にあったと思います。

覚えている限り最初の思い出は、当時住んでいた狭いアパートで両親の演奏する音楽に合わせて踊ったこと、父がお話をしてくれて、そのたびに大笑いしたこと、母が毎日公園に連れて行ってくれて、池で泳ぐ金魚を眺めたり草の上に寝転んだりしたことです。裕福な家庭ではありませんでしたが、とても豊かな子ども時代でした。

当時、学びと生活の間に区別はありませんでした。好奇心でいっぱいで、生き生きとした毎日のおかげで、たくさんのことを学んでいたのです。学びは、私からすると息をするのと同じくらい自然な行為でした。

愛する娘にも「おうち子育て」を！

その後、ほかのクラスメイトよりも2年遅く、6歳半でイギリスの公立小学校に入学し、ケンブリッジ大学で社会人類学を学びました。

大学で興味を持ったのは、家庭での子どもの習慣と、文化が子どもにどう影響するか、また若者の教育についてです。

小さい頃から子どもにナイフを使わせる国もあれば、安全のために、こと細かく決まりごとを書いた掲示板を公園に設置している国もあるのはなぜ？　ご飯を食べるときも眠るときも親子一緒の家もあれば、早寝、ひとり寝をさせる方針の家もあるのはどうして？　どの程度、子どもの自立を尊重し、敬意を持って子どもに向き合うかも、社会によって差があります。

そうしたテーマについて考えるうち、私は、子育ては家のなかだけで完結するものではなくて、社会や政治を変えてしまえるほど大きな力を持った取り組みだと考え始めました。

とはいえ、それを本当に実感したのは、娘のフリーダが生まれてからです。

大学卒業後、まだ若かった私はおうち子育てや自宅学習についてそれほど意識してはいませんでした。ですが、フリーダが生まれたのがきっかけで、学生の頃の疑問がよみがえってきたのです。

「幸せでやさしい子を育てるってどういうこと？」

「私が願うやさしい社会を作れるおうち子育てって、どんなもの？」

政府の広報職に就いていた私は、産休が明けたら仕事に復帰する予定だったので、フリーダを自宅で育てられるか悩みに悩みました。

育児方法について夫に相談するたびに、胸が痛みました。自分が過ごしたような恵まれた子ども時代を、最愛の娘には味わわせてあげられない……海のそばでもないし、ゆったりと流れる時間を感じさせてあげることもできないと思ったからです。

ところが、子どもの発達や学習に関する本を読みあさるうちに、「あの好奇心を刺激し、自然に学べる機会がいっぱいあったシンプルで素敵な子ども時代を、やっぱりフリーダにもあげたい」という願いが強くなりました。

何度も眠れない夜を過ごし、夫とも話し合った結果、私は仕事を辞め、自宅学習についての本をかたっぱしから読み始めました。

思いやりと、自分を信じる心を教えたい

私が目指す「豊かな子ども時代」とは、家族が強い絆で結ばれていて、笑いがあり、遊びがあり、楽しい学びがあり、子どもがありのままの自分を見てもらい、話を聞いてもらい、受け止めてもらえていると思える環境です。

私が両親のおかげで過ごせた時間であり、夫と一緒に娘にあげようとしている時間であり、すべての子どもに与えられるべき時間だと思っています。何よりもよいのは、その環境作りはいつでもできるということです。

家族の数だけ、「豊かな子ども時代」のかたちはあります。

単に自宅学習に切り替えたり、テレビを観せるのをやめたり、オーガニック食品だけを食べさせたりする、という意味ではありません。

敬意と思いやりを持って子どもと向き合い、子どもの遊ぶ権利をあらためて認め、安全で自由だと思える安定した家庭環境を用意する、それだけです。

完璧な子育てや家庭教育を目指すのが目的ではありません。子どもや自分自身や身近な人たちに寄り添い、その気持ちを日々の生活に取り入れていく方法を見つけましょう。

こういう不安な時代では、これまで以上に子どもとの関係を気にかける必要があります。子どもに一番教えたいのは、思いやりと、自分を信じる心だということを忘れないでください。

あなたの奥底に眠る、あきらめない強さを掘り起こして、この世界は安全だと（たとえ、今はそうは思えなくても）伝えましょう。

深呼吸をして、間違ったら素直に謝り、どんな環境、どんな人、どんな不確かなものとも一緒に生きていけるようになりましょう。

この本でご紹介する取り組みやアイデアは、モンテッソーリ教育やシュタイナー教育、非暴力コミュニケーション（NVC）などのメソッドと、穏やかなおうち子育てのコーチと自宅学習の指導者として活動してきた私の経験に基づいています。

ですが、特別な知識や経験がなくても、あなたはあなたのままで十分です。専門家や先生である必要はありません。ただ、パパ、ママでいればいいのです。

あなたは、誰よりもわが子のことを知っています。そして、わが子のことを誰よりも愛している。それだけでいいんですよ。

特別な時代には、家族のつながりを特に意識した子育てが求められるもの。あなたは、もう新しい挑戦を始めているのです。

エロイーズ・リックマン

第4章
子どもの自然な好奇心が動き出す自宅学習のアイデア

第1章

突然変わってしまった世界のための楽しいおうち子育て

今は、絆を強くするチャンスのときと考えましょう

私たちは普通じゃない状況に置かれると、目に見えるものに頼りたくなりがちです。買いだめをしたり、やることリストを作ってみたり、細かく計画を立ててみたり……。わかりますよ、私も最初はそうでしたから。でも、ちょっと考え直してみてください。親として、子どものためにすべきことは、いつだって（特にこんな不安なときには）同じです。

子どもが、自分の話を聞いてもらえて、ここにいれば安全だと思えて、愛されていると感じられる場所で、子どもと強く前向きな関係を作ることを目指しましょう。

家で過ごす時間が増えたときほど、前向きな親子関係は特に重要になってきます。一緒にいる時間が長くなれば、その分けんかやストレスも増えます。子どもも親も、急な変化やストレス、不安などがいっぺんに押し寄せたら、平常心を失うでしょう。でも、考え方を変えれば、よいチャンスにもなります。きょうだいげんかも、かんしゃくも、こぜりあいも、お互いの関係を深める絶好の機会なのです。

散らかったおもちゃを片付けるより、あれやこれや考えてスケジュールを立てるより、はるかにむずかしい取り組みではあります。でも、まず子どもと信頼し合える関係を作ると、子どもは自分で生きていく力を育てられます。

この章では、親子の絆を強くするアイデアと、何が起こっても子どもが前向きに生きていけるよう導くヒントをお伝えしていきますね。

脳の成長を助けるパパ、ママの視線

親と前向きな関係で結ばれている子どもは、すこやかで幸せで、大人に向かう年頃になったときに、しっかりと未来に立ち向かえる力を持てるようになります。

人の情緒的な発達には、幼い頃にどのように大人に接してもらっていたかが関わっています。育てられ方が、そのまま脳の発達に影響するのです。特に生まれてからの数年間は重要です。

神経科学のさまざまな研究から、幼児期の経験が文字通り脳を作ることがわかっています。経験によって、脳内の神経回路が成長し、子どもの行動や、世のなかの見方をかたち作ります。

幼児期の経験は、将来の脳の発達にも影響を与えます。アヴァンツたちの研究によれば、4歳のときに親から受ける精神的刺激は、15年後の脳を作る大切な要因となるのだそうです。

子どもの脳はとても柔軟で、可塑性に富んでいて、経験や環境に適応し、変わっていきます。これは、大人の脳も同じです――私たちは十分に練習すれば、考えなくてもできるようになりますよね。ただ、もっともその作用が大きいのは、やはり子どもの頃です。つまり、幼児期は脳にとってそれだけ重要なのです。

1950年代のイギリスの精神科医ジョン・ボウルビィが名づけた愛着理論によれば、人間は他人と愛のある関係を作るようにプログラムされた社会的な生きものです。赤ちゃんのお世話をする人が、だっこして、お腹を満たしてあげて、泣いたらあやして、やさしく話しかけて、という具合に赤ちゃんの求めるものを積極的に与えると、2人の間には強い愛着が生まれます。

それは、これから広い世のなかを生きていくうえで、安心できる場所を作る土台にもなります。大人と、幸せで愛情に満ちた関係を築いた子どもは、自尊心をはぐくみ、社会的にも身体的にもすこやかに発達していきます。

心理学者ロビン・グリルの著書『平和な世界のためのペアレンティング（未訳）』にあるように、**「親の笑顔と愛情のこもったまなざしは、『脳の成長をうながす』のです。**

たった今からでも親密な関係を作れます

子どもが肉体的にも精神的にもいつでも満たされ、愛情と思いやりを持ってあたたかく接してもらっていれば、自分を取り巻く世界を味方だと感じられるでしょう。

研究データに頼るまでもなく、やさしくしてもらった経験が多い子は、親切で思いやりのある子になるはずです。

子育てをしていると、実感するのではないでしょうか。子どもはまるでスポンジのようになんでも吸収し、親の話す言葉、ふるまい、癖を覚えてしまいます（そして、親はわが子を見て自分の言葉づかいや悪癖に気づかされるんですよね！）。

「生まれて最初の数年間が子どもの発達にとってもっとも重要」と聞かされると、焦ってしまうパパやママもいるかもしれません。私のところにも、産後うつや身体の不調、立て続けの妊娠などが原因で、子どもが小さいときに満足に相手をしてあげられなかったことに罪悪感を抱いている方が相談に訪れます。その人たちにかけたのと同じ言葉をお伝えしますね。

愛情に満ちた親密な親子関係は、いつからでも作れます。いつだって、今が最高のタイミング、なんですよ。その方法をいくつかご紹介しましょう。

子どもとの親密な関係を作るためのアイデア

❶ 行動でも言葉でも、愛情を示しましょう

短くてもよいので、毎日子どもにまっすぐ向き合う時間をとりましょう。

❷ 子どもが話しているときは、真剣に耳を傾けましょう

❸ 対等に接しましょう

子どもは人生経験の少ない学習中の生きもの、とはいえ、子どもの意見や知恵を尊重しましょう。

❹ 新しいことにどんどん挑戦させましょう

失敗しても、間違えてもいい、というおおらかな気持ちを忘れずに。そして、子どもの年齢や能力に合わせて、きちんと責任を持たせましょう。

❺ 子どもの選択を支持しましょう

あまり「ダメ」と言いすぎないように。

❻ 他人に子どもの話をするときは、ネガティブな言い方をしないように

特に子どもがそばにいるときは気をつけましょう。

❼ 子どもがものごとを達成しやすく、自立できる環境を作りましょう

手伝ってと言われたら手を貸し、何も言われないなら何もしないこと。

レジリエンスを育てましょう

親子関係が前向きだと、レジリエンスと呼ばれる、ものごとに立ち向かう力が育ちます。レジリエンスに一般的な定義はないのですが、困難やストレスに対してうまく対処する力、という意味で使われることが多いようです。自信や自主性、

相手の感情を理解する能力、社会性と結びついています。

精神的な問題を抱える若者が増えている昨今（イギリスでは、5歳から16歳までの子どもの少なくとも10人に1人が精神障害を持つとされ、10歳以下では8000人がうつ病の診断を受けています）、レジリエンスへの注目が高まっています。子どものうちに、日々何かに挑戦するのは、ストレスが原因で引き起こされる神経不安やうつなどを防ぐ効果があると、数々の研究から明らかになっています。

親としては、子どもには問題に立ち向かってほしいし、ストレスや変化にも対応していってほしいですよね。そのためには、子どもの欲求に応え、愛情を持って支えるだけでなく、自立につながる貴重な経験となる機会も見定める必要があります。

レジリエンスを育てる7つのアイデア

レジリエンスを育てる方法を、いくつかご紹介しましょう。

1

レッテルを貼ってはいけません

賢い、やんちゃ、器用、繊細、なまけ者、だらしない、怒りっぽいなど、子どもを決めつけると、いつしか子どもはそれを信じてしまうことがあります。たとえよい意味で言った言葉でさえも子どもの個性をしばる可能性があるので、こういった決めつけは成長の妨げになりうるのです。ですから、親の私たちは、ほめるなら「天才芸術家だね」ではなく、「この絵、一生懸命描いたのが伝わってくるよ」くらいにしておいたほうがよいでしょう。

2

見方を変える手助けをしましょう

できないことではなく、できることに目を向けられるように子どもを導きましょう。また、ある状況に対しても、マイナス面ばかり見ないで、視点を変えるよううながします。たとえば、雨が降ると子どもはがっかりするかもしれませんが、ペットボトルで雨を集めたり、レインコートを着てかたつむりを見に行ったりといった楽しみ方もできますよね。

3 大変な状況を利用してみましょう

子どもがつらい状況に置かれているときは、現実を無視して、「大丈夫だよ」などと言ってはいけません。ちょっとだけ違う見方ができるように導き、どうしたら問題を解決できるか、どんな助けがほしいかを訊いてみましょう。

4 とはいえ、問題は自分で解決させましょう

まだ小さい子にも、困難を自分で解決させる場を与えてもいいでしょう。たとえば、遊び場でほかの子どもとけんかになったとき、口は出さないままそばで見守ってみる、きょうだいでいざこざが起きたら、同じ部屋に入れて自分たちで話し合わせる、といった具合です。

親はつい間に入ってさっさと事を収めがちですが（その気持ちもよくわかります）、問題を自力で解決したり、ときには間違えたり、といった経験は、レジリエンスを育てる大切な機会になります。

5

失望や試練、失敗、ストレスも必要だと考えましょう

つらい経験も、レジリエンスを育てて、将来社会で生きていくためには必要です。親でもすべての苦しみや痛みからは子どもを守りきれません。でも、子どもの気持ちや失敗を見守ることはできます。

本当は、子どもが動揺する姿は見たくないですよね。わが子が悲しんでいたら、自分のことのように胸が痛むのが親というもの。ですが、子どもにとっていやな体験を防ごうとするのは、子どものためになるとはいえません。それどころか、親の不安や恐れが増すだけです。悲しみを感じる経験を遠ざけているうちに、悲しみ（失望や怒りもそうですが）とは悪いものだと無意識に教え込んでしまうかもしれません。

6

自分で対処できる力に、自信を持たせましょう

子どもが試練を乗り越えたら、それだけの力を持っていることに自信を持たせてあげましょう。前向きに伝えるのが大切です。「すごく不安だったよね。でも、ちゃんとできたんだよ」「おばあちゃんが亡くなって、つらかった

よね。パパもママも、今でも悲しいよ。でも、おばあちゃんのことを思い出すと、楽しかったなあって懐かしい気持ちにもなれるよね？」

7 リスクと子どもの自立のバランスをとりましょう

現代の子どもは、小さなリスクからも遠ざけられ、十分な自立の場を与えられていません。公園でも、手を泥だらけにして遊んだり、「高すぎる」ジャングルジムにのぼったりして怒られている子をよく目にします。年齢や能力によってあえて子どもにリスクを与える場もありますが――決して、小さな子でも1人で横断歩道を渡らせなさいとか、13歳の子に1人でバックパックで旅行をさせなさいとか言っているわけではありませんよ――危険を伴う遊びにもメリットはあります。自分で危険の度合いを見積もる力は、将来的に必要となるでしょう。

レジリエンスは一晩で身につくものではありません。ですから子どもがつらい状況にいるときは、親はいつでも愛情と共感を持って接しましょう。それが、人生でどんなことが起きても子どもが自分で乗り切れるように育つための、最初の大切なステップだと考えてください。

たとえ子どもが問題行動を起こしても、それはやんちゃが過ぎるとか親を困らせたいからというわけではなく、助けを求めるサインだと知っておきましょう。

子どもの問題行動はすべてがコミュニケーションです

人に乱暴したり、物を投げたり、無礼なふるまいをしたり、反抗的な態度をとったり、などといった子どもの困った行動は、パパ、ママにとって悩みの種ですね。こういう行動をとられると、怒るのも疲れますし、ストレスもたまります。でも、そんなときにこそ子育ての能力を試されているのかもしれません。

私の子育てが一番変わったのは、子どもの問題行動は絶対的にコミュニケーションの表れだということを知ってからです（娘が壁にいたずら描きをしても、パジャマを着るのをいやがってもこれを忘れないようにしています）。

よく氷山にたとえられます。表面上は子どもの行動そのものしか見えませんが、その下にはたくさんの不満や不安のかたまりがあるのです。たとえばこのようなものがあります。

子どもの問題行動の原因となるもの

- ❊空腹、のどの渇き
- ❊疲れ
- ❊身体的な不快感（暑い、寒い、服で身体がかゆい、刺激が強すぎる、周囲がうるさい、など）
- ❊不調、痛み
- ❊動揺
- ❊孤独、親や周囲の大人との不安定な関係
- ❊困惑
- ❊感覚的な刺激に対する欲求
- ❊フラストレーション、怒り
- ❊好奇心、実験
- ❊自制心の欠如
- ❊保育施設や学校でのトラブル
- ❊人間関係のトラブル
- ❊生活の変化（引っ越し、弟や妹の誕生、両親の離婚など）

- ※自分を取り巻く世界の変化
- ※ルーティンや生活リズムの変化
- ※コミュニケーション能力の不足、自己表現力の不足
- ※禁止される理由がわからない
- ※前回同様に行動したときに得られた反応がまたほしい

親子の関係を深めるチャンスを見逃していませんか

要するに、子どもが私たちを困らせるときは、助けを必要としているのです。**私たちに大変な思いをさせているのではなく、子ども自身が大変な思いをしているんです！** すすんで自制心を失いたい子、人を傷つけたい子、乱暴な言葉を吐きたい子なんていません。

子どもはいつだって全力で生きています。それを「自分の部屋に戻りなさい！」と罰しても、「もう泣くのはおしまいにして。ほら、クッキーがあるよ」と注意をそらしても、「なんでお姉ちゃんみたいにちゃんとできないの？」と人と比べて責めても、意味はありません。親子の関係を深められるせっかくの機会をふい

にしてしまっているだけです。

今も昔も変わりませんが、壁にいたずら描きをするといった、やってはいけないと知っていることをやるとき、子どもは親の注意を引きたがっています。そうすれば注目してくれるとわかっているから、禁止されていることをわざとやるのです。

そういうとき、子どもを叱り、子どもが求めているコミュニケーションを拒む人もいるでしょう。ですが、まず子どもとの関わりを優先し、共感と思いやりをこめて向き合い、いつでも大切に思っていること、いつでも助けになりたいと思っていることを伝える道も選べるのです。


ここではっきりさせておきたいのですが、私は何の約束事もない、子どもに甘い子育てを勧めているわけではありません。みんなが幸せでいるためには、約束も必要です。わが家の場合は、わりとシンプルです。人の身体も心も傷つけない、物をこわさない、この2つです。

先ほどお話しした、子どもとの親密な関係の作り方に戻りますが、この場合もダメなことはダメとはっきり伝えましょう。でも、そのときに、子どもが何を考えてあんなことをしたのかを想像し、精一杯のやり方でそれを伝えたのだと思えたら、もっとやさしく言えるのではないでしょうか。

これは、子どもの行動を変えるメカニズムの中心に、規律と罰を据えた子育てとは、一線を画す方法です。子どもの行動に隠された欲求を理解しようという試みだからです。私たち大人だって、つらいときは大切な人に理解してもらいたいですよね。子どもだって同じです。

さまざまな行動をコミュニケーションの一環だと考えると、穏やかに落ち着いて、共感を持って対応しやすくなると思いませんか。お友だちをぶってしまったのは、意地悪したかったからではなくて、「助けて」のサインととらえるのです。

叱るかわりに、一緒に解決策を探しましょう

もちろん、親もけんめいに歩み寄ろうとしているなかで許せないことをされて、イライラしてしまうときもあるとは思いますが、このことをぜひ忘れないでください。

あなたの子どもは今、自制心を保つ練習中で、自分を表現する方法を見つけよ

うとしています。思いやりを持って向き合い、できるだけ好意的に解釈してあげれば、子どもはきっと自分でその力をつかめるはずです。

やんちゃと思える行動は、ただ世界を探検しているだけだったり、思いがけない方法で欲求を満たそうとしているだけだったりする場合もあります。

娘がまだ小さいとき、台所から水を入れたグラスを慎重に運んできていたのに、居間に着いたところで水を床にこぼしてしまったことがありました。私はその後の娘のしっかりした行動にびっくりし、手を出すのも忘れて眺めていました。娘はすぐに小さなモップをとってくると、素早く、落ち着いて床をふき始めたのです。

驚きましたね。もしもすぐに叱りつけ、無駄なけんかをしていたら、あんな自主的な姿を見逃すことになっていたのですから。それどころか、ひょっとしたら、もっといたずらをするんだろう、と決めつけるような態度を娘にとっていたかもしれません。

うっかり手を出して貴重な瞬間を逃してきた経験は、私にもたくさんあります。でも、娘のあの姿は忘れられず、よい教訓になっています。あなたも、わが子とはチームだと考えてみてはどうでしょうか。

子どもは、あなたに余計な仕事やストレスを押しつけたいわけではありません。あなただって、できるだけ上手に子どもと接したいと思っているはず。でも、人間ですから、誰だって失敗することもあります。そんなときは、チームとしてものごとに向かうと、案外すんなりと乗り切れます。

何か問題が起きたときは、頭ごなしに叱りつけるのではなくて、子どもと話し合ってみてください。約束を守るために何が必要か、子どもが困っている原因は何か、一緒に解決策を探すのです。

罰を与えると、本当の理由が隠れてしまいます

子どもがグラスを投げて、割ってしまったとしましょう。あなたは、罰としておもちゃを取り上げたり、「どうしてこんな赤ちゃんみたいなことするの！」と怒鳴ったりするかもしれません。でも、考え方を変えて、そういった行為をあまり悪くとらえずに、「どうしてグラスを投げたの？」と訊いてみませんか。そうすれば、子どもは考え始めます。

さらに、どうやって安全に片付けるか、誰かが床を踏んだらどうなるか、と想

像を広げさせることで、ガラスが割れると危ないと教えられます。もちろん、グラスを投げちゃいけないよと言って聞かせるのもよいですが、子どもがまだ小さくてそのことを理解していなかったのなら、罰を与えるのは公平とはいえません。

あるいは、わかっていてわざとやったのなら、氷山のたとえのように、その行動の下には何かが隠れています。罰を与えると、ますます本当の欲求を探りにくくなるでしょう。

こうした接し方は、ある程度大きい子や、ティーンエイジャーにとっても大きな意味があります。もし、子どもの帰りが夜遅かったら、帰宅したとたんに小言を言うのではなく、まず注意する目的は何だろうと考えてみます。ただ一方的に、親に従わせたいだけなのか、それとも深い信頼で結ばれた親子関係を作りたいのか、どちらですか。

遅くなった理由を訊き、心配している気持ちを伝え、次にまた遅くなりそうになったらどうするか、考えさせましょう。もしかしたら、あなたも昔門限を破ったことを思い出すかも。

このような子育ては、あなた自身が育てられてきたやり方と違うと、はじめはむずかしいかもしれません。でも、続けるうちに、子どもはあなたが味方だと信じ、一緒に話し合う気になってくれるでしょう。

問題行動とは、罰したりしつけたりする必要のある乱暴や悪ふざけの一種だ、という考え方を変えて、親子で解決する問題ととらえ直すと、子育てで絆を深める機会が増えます。

もっともつらい時期にいるときこそ、子どもは親の安心感と、どんなときでも変わらない愛情を求めています。ここまでお話ししたやり方に慣れるまでは時間がかかるかもしれませんが、うまくいくようになれば、きっと家族みんなにとってよい効果をもたらしてくれるはずです。

どんなときでもわが子を無条件で受け入れましょう

パパとママが子どもにあげられる最高のプレゼントが、「無条件の肯定的配慮」です。心理学者のカール・ロジャーズが名づけた考え方で、相手が何を言おうとも、何をしようとも、肯定的に受け入れる気持ちを指します。セラピーではとても効果のある治療方法で、親子関係をよくするためにも活用できます。

どんな子どもも、本来いい子だと考えましょう。子どもの行動は、どんなやり方だったにせよ、欲求を満たすために全力を尽くした結果だととらえます。そうすれば、子どもは強くて前向きな自尊心を育てられます。

いつでも肯定的に子どもを受け入れ、子どもを変えようという意識を捨てて向き合えれば、子どもは安心して新しいことに挑戦し、失敗し、思い切って難題にも挑んでみようと思えます。子どもが何をしても、「大好きだよ」「大切に思っているよ」「いい子だね」と伝えましょう。

子どもですから、間違いも犯します。というより、失敗ばかりです。それでも、どんなにつらいときでも子どものよい面に目を向け続ければ、穏やかで愛に満ちたコミュニケーションの土台を築けます。

では、具体的にはどうすればよいのでしょうか。もしも子どもが悪いこと（きょうだいをぶった、など）をしたときは、このように対応してみてはどうでしょうか。

「無条件の肯定的配慮」の例

※やってしまった行為よりも、子どもの気持ちに注目します。
「おもちゃを取られて、すごくいやだったんだね」
※その行為を繰り返さないようやさしく止めます。
「叩きたい気持ちがなくなるまで、しばらく手を握っておくね。○○ちゃん（弟や妹）が痛いとかわいそうだからね」
※愛情はたっぷりと注いで。
親として愛情を示すのがむずかしいときでも、子どもは愛と安らぎと安心感を強く求め、ぎゅっと抱きしめてもらいたがっています。「大好きだよ。イライラしてしまったのはよくわかるけど、もう乱暴してほしくないんだ」

親として、私たちにできるもっとも効果の大きい方法は、理想とするふるまいを、すすんで子どもに見せることです。怒ったり罰を与えたりするよりもはるかにむずかしいとは思いますが、自分から率先して見本を示さなければなりません。
子どもに教えたことは自分がやってみせ、さらに自制心を持ち、信頼に足る人間でいる必要があります。これが、子どもにしっかりとした自立心と自尊心を育てる機会を与えながらも、親子としての関係を守るために一番大切なことです。

こうした子育てはむずかしいと感じる場合もあるでしょう。特に、あなた自身が無条件の肯定的配慮を受けてこなかった場合には、どうすればうまくできるかわからず、手探りになってしまうかもしれません。

それでも、いつも自分に言い聞かせてください。**何をしたって、うちの子はいつでも大切な存在。**そして、同じことはあなた自身にもあてはまるのです。

子どもの自主性を重んじるほど、家族が幸せになるでしょう。

ときには子どもに任せてみましょう

見通しの立たない不安な状況に置かれると、私たちは自分がコントロールできるものによりどころを求めがちです。子どもも同じです。ストレスを感じると、好ききらいが激しくなったり、寝るのをいやがったり、ずっとしていなかったおねしょをし始めたり、攻撃的で乱暴なふるまいが増えたりするかもしれません。こうした行動によって、子どもも自分にできる限られた範囲でものごとをコントロールしようとしているのです。

生活のさまざまな場面で、本当の意味でのコントロールと選択を子どもにさせてあげる機会を持つと、ストレスや家族のぶつかり合いが減るでしょう。次のような場面で、子どもの様子を見てみてください。

- 食事のとき、子どもが「もうおなかいっぱい」「もっと食べたい」と言ったらそのまま受け入れましょう。
- たとえ寒くても、「上着はいらない」と言うなら、任せてみましょう。
- ぎゅっと抱きしめたり、キスしたりしましょう。家族のなかにお互いを認め合う雰囲気が生まれます。
- 好きな遊びをさせましょう。本来とは違うおもちゃの使い方をしてもいいのです。

困難なときこそ落ち着いて

不安定な時期ほど、子どもとのコミュニケーションのとり方を気にかける必要があります。

自分が飛行機に乗っていて、乱気流に巻き込まれたと想像してみてください。

パイロットやキャビンアテンダントのふるまい次第で、あなたの心の持ちようや行動は大きく変わるでしょう。スタッフがパニックになっていたり、心配そうにしたり、イラ立った様子を見せたりしたら、あなたの不安も増すはず。

かといって、「問題ありません」と言い張られ、「なんの心配もいりませんよ」と言われたとしても、かえって不安が募るだけではないでしょうか。正確なことを言える立場なのに、なぜ正直に言ってくれないの、と思うはず。

では、スタッフが落ち着いた声で、誠実に、取り乱さずにこう言ってくれたらどうでしょう。「ただいま気流の悪いところを通過しておりますが、運航には影響ありません。早く機体が安定することを願い、みなさまには随時、最新の情報をお知らせいたします。ご質問やご入り用のものなどありましたら、いつでもお声かけください」

そう聞いたあなたは、少しほっとするのではないでしょうか。状況に変わりはありませんが、安心感を与えてくれる人に囲まれ、自分の不安を受け止めてもらえてうれしいと感じるでしょう。きっと危機を脱せるだろうと、スタッフを信頼すると思います。

家庭内で乱気流に巻き込まれたとしたら、子どもは無事に切り抜けられるかどうか、あなたの言葉やふるまいを見ます。何かが起きたときにあなたがどう行動するか、また病気、危険、変化に見舞われたときに子どもにどのように接するかで、子どもがその出来事をどう感じて対応するかが大きく変わってくるのです。

結果が見えないことを子どもに伝えるときの話し方

アメリカの子ども向けテレビ番組の司会者だった、フレッド・ロジャースの有名な言葉があります。

「小さい頃、テレビでこわいニュースを見るたびに、母が言ってくれました。『助けてくれる人を探しなさい。いつだって、あなたを助けてくれる人はいるから』と」

これは、困難な状況に置かれた子どもに向き合うときに、参考にできる考え方ではないでしょうか。自分を助けてくれる人は必ずいると、気づかせてあげればいいのです。

簡単には解決できないことや、不確かなことを子どもに話すときには、落ち着いて、相手の年齢に合わせて話すとよいでしょう。安心感を与え、これまでの習慣や生活がどのように変わる可能性があるか、説明します。伝え方の目安としては、子どもが知っておくべきことは教え、知らなくていいことは教えない、です。

もう幼くない子どもには、事実に基づいたことを、短く、正直に、でもできるだけ前向きな表現で伝えることが特に大切です。子どもの恐怖心をあおったところで、なんのメリットもありませんから。

変化や先の見えない状況が、直接あなたの家族に影響を及ぼす場合は、現状を乗り切るために子どもと簡単な計画を立ててみましょう（「おばあちゃん、今具合がとても悪いんだ。だから、絵を描いてあげようか。おばあちゃんに渡したら、きっと元気になると思うよ」）。

子どもに何か訊かれたら、誠実に、かつ慎重に答えます（「おばあちゃん、死んじゃうの？」「お医者さんが一生懸命治そうとしてくれているよ。元気になってほしいね。でも、今はよくなるかどうかわからないんだ」）。家族にとって支えとなる、前向きなことを考えてみてください。

もっと事態が深刻で、地域や国、世界にまで影響が及ぶ場合は、子どもが保育施設や学校などでどう説明を受けたか、それについてわからないことがあるか、あなたも知っておいたほうがいいかもしれません。

ですが、家では子どものいるときはラジオやテレビを消しておきましょう。ティーンエイジャーの場合は観るものを制限して。悲観的な報道は、精神に有害な作用をおよぼす可能性があるという研究結果があるからです（ジョンストンとディヴィー、1997年）。

同様の理由から、もしできたら、夫婦で心配事について話すときも、子どもが寝たあとにしましょう。

大人の世界に入り込ませすぎないで

経験豊かな心理学者であり、モンテッソーリ教育の教師でもあるカリーニ・ロビンと話をしたことがあります。彼女には学校に通う2人の子どもがいます。不安定で変わりやすい状況のなかで、親は子どもをどう支えていけばいいか、こんなふうに言っていました。

「子どもの人生を考えたら、家族として試練に立ち向かう機会はいくらでもあり得るでしょう。親の離婚、病気、おじいちゃんおばあちゃんの死、失業、金銭問題……人生は、そもそも先の見えないものに満ちているんです」

「困難を切り抜けたら、親としての能力はぐっと上がります。実際、親の能力は安心感と直接結びついていると証明されているんですよ。私たちが、親として日々挑戦を重ねるには、安全だと思える安心感が必要なんです。それは、子どもにとっても同じです。精神的にバランスを保つには、安全だと思えないといけません」

「大変な状況に立たされたら、親の私たちは大人としてふるまうのが特に大事です。恐怖をはねのけて、言葉でも行動でも、子どもを守り困難を乗り切ると伝えなければなりません」

「私は6歳以下の子を持つパパ、ママとよく接するのですが、この年代の子どもの脳はとても未熟です。新皮質が発達しきっていません。つまり、大人のように論理的には考えられないのです。未来を思い描けませんし、世界全体で起きている問題も、自分と切り離しては考えられません。つまり、なんでも自分に起きているように感じてしまう、と言っていいかもしれません。たとえば、誰かが亡くなったと聞いたら、すぐにあなたや自分が死んでしまうと思うのです。子どもと苦労を分け合うのはいいですが、大人の世界に入り込ませすぎないのも重要です。もちろん、あなたの感じたことを子どもに話して、気持ちを共有するのはかまいませんが、細かい事情まで説明する必要はありません」「子どもには、事実と簡単な説明のほうがわかりやすいでしょう。『手を洗おうね。そうすれば病気にならないからね』という感じで。あれこれ理由を話したり、いつもと違った様子を見せたりしなくてよいのです」

「幸いにして、子どもは高い柔軟性を持っています。とにかく『全力でやってみる』のもいいでしょうね。子どもは遊びを通して学びます。遊びを通して自分を表現します。子ども向けのセラピーでは、子どもが遊びたがらないのを一番心配します。つらい状況を乗り切るために、遊びを活用してみてください。不安や恐怖を打ち明けたがらないときは、2つのぬいぐるみを使って、会話させてみるといいですよ。手術を終えた子どもには、お医者さんごっこのおもちゃを買ってあげるとか、悪い夢や学校で起こったことを、絵に描かせてみるとか。あなた自身も子どもと一緒に遊んでリラックスしたら、子どももあなたの言葉を聞く気になりますし、遊びで心がつながって、胸の内を話しやすくもなるでしょう」

私のところに訪れるパパ、ママは、ショックや不安を抱える子どもと穏やかに気持ちを通わせあうためには、遊び心のある子育てが最高の橋渡しになると実感しています。さらに、遊びには子どもがさまざまな経験を通して、世界を学ぶ大切な役割があるのは、研究からも明らかになっています。

遊びには親子の絆を深める力があります

子どもは、遊びを通して世界を知り、経験や感情を育てます。どこにいようと、誰といようと、子どもには遊ぶ本能が備わっていると、親になるとあなたも感じるでしょう。年齢にかかわらず、子どもにとって遊びが、知識面でも、肉体面でも、感情面でも、社会面でも、どれほどよい影響を与えるかは、たくさんの研究が示しています。

遊びによって子どもは学び、発達します。遊びの世界では、ほかのことをすべて忘れて1つの遊びに没頭できる、魔法のような境地〝フロー〟状態になれるのです。

子どもの遊びには、見た目よりも多くの意味があります。安全に、新しいことを試してみる場にもなりますし、ストレス発散にもなり、さらに一定の関係のなかに自分を置いて、友だちとのつながりを作る場にもなります。遊びのなかで異なる感情を体験し、安全な環境でさまざまな挑戦をする経験を繰り返しているのです。

遊びのなかでうまく感情を表せないときは、かんしゃくや問題行動で表現しているかもしれません。イラ立ちから乱暴をしたり、ただ遊ぶのをやめてしまったり、という可能性があります。

困難な状況にあるときは特に、遊ぶ場や時間を用意してもらえることが子どもにとっては何よりうれしいでしょう。「あなたのためになんでもするよ」「あなたが大切だよ」と思われていると実感できるからです。

親が子どもの目線に立って、子どもの世界に入り、ブロックで建物を作ったり、ゲームのやり方を教えてもらったりすれば、子どもは自分が愛されていると思えて安心します。子どもを取り巻く世界が変わってしまったときには、とりわけ大切な感覚です。

遊び心は、大変なときでも子どもとあらためてつながりあい、いつでもその絆を修復したり強めたりできる命綱のようなものです。遊び心のある子育てには、ただ一緒に床に座って遊ぶ以上の、とても大きな意味があります。

子どもと話し合わなければならないときや、激しい感情や不安に対処するときといった、子育てのなかでも苦労の多い取り組みに挑む場合も、日々遊びを通じて交流していると、大変な時間があっても毎日がもっと楽しくなるのです。親の役割を見直す機会にもなりますし、子育てに限らず、外での人間関係や仕事でも、もっと自由に、あなた自身の遊び心を活用できるようになるでしょう。

遊びは、強い親子関係をはぐくむにはもってこいの方法です。つながりが弱まってしまったら、つなぎ直し、補強してくれます。

遊びを用いたセラピーが専門の心理学者ローレンス・コーエンが書いた『たのしい「遊び子育て」——明るく、かしこく、元気な子供に育てる15章』（はまの出版）にも、親子関係がうまくいかないときも「遊びは、親と子の深い絆を取り戻す架け橋になってくれるかもしれません」とあります。

子どもとの関係を結び直すと、特にほかの取り組みをしなくても問題行動が収まる場合がよくありますが、それは子どもが求めていた関係を手に入れられたからなのです。

困った行動は遊び心で解決できます

ここまでお話ししてきたように、問題行動はほとんどの場合、より愛を求めていたり、肯定的に受け止めてほしかったり、つながりを求めていたりする気持ちの表れです。コミュニケーションの1つのかたちなのです。こうした行動に、遊びを使って向き合うと、とてもよい結果が生まれやすくなります。

子どもが、あなたを困らせる行動をしかけている場合は、ぱっと手を出してしまう前に自分の役割に気づくのはたしかに大変でしょう。

その昔、娘がもっと幼い頃、ペットのネコのしっぽを引っ張ろうとしたことがありました。私が一歩踏みとどまれなければ、怒るか、「しっぽを引っ張っちゃダメって言ったでしょう。手はなでなでしてあげるもの、いたいいたいしちゃダメなの」と何度注意しても覚えない娘にがっかりするかしていたかもしれません。

ネコは守れたかもしれませんが、ネコと遊びたかったフリーダの気持ちに応えようとしていたかはわかりません。とはいえ、幸いにして踏みとどまった私は、遊び心を持ち直せました。

「フリーダ！」私はおおげさに怒った顔をして言いました。「今、ネコのしっぽを引っ張ろうとしてたんじゃない？　それならママ、フリーダのしっぽを引っ張っちゃうから！」。そこからは大騒ぎ、追いかけっこをして大笑いしました。

親子の関係は崩れず、けんかも起きず、楽しい空気が生まれたのです。ネコはと言うと、しっぽを引っ張られかけたことに気づきもしないまま、のんきに寝息を立てていたのでした。というわけで、みんないやな思いをせずにすみました。

子どもは、悪い子だから悪い行動に出るわけではありませんし、誰かを苦しめたいわけでもありません。その子自身が痛みを抱えているから、乱暴してしまうのです。大げんかになってしまう前にその場を落ち着かせ、遊びの力を借りて子どもとの関係を作るほうが、よほど平和的で、効果があり、簡単です。

ときには、自分を止められず、反射的に動いてしまったりもするでしょう。でも、ちょっと踏みとどまって、一息ついて、自分のとるべき行動について考えてみると、遊び心のある子育てによってみんなが救われると思うのです。

“イライラ虫”撃退法

遊び心を忘れずにいると、子どもが感情を自由に表現したり、イラ立ちやパニックを避けたりするのにも役立ちます。

つい最近、娘と出かけたとき、娘の機嫌が急に悪くなりました。だっこしたり、やさしく話を聞いたり、気分を変えさせようとしたり、あらゆる努力をしてみたのですが、何をしてもダメ。このままお昼ご飯を食べに行っても、多分何も食べないし、さらに機嫌は悪くなるに決まっている……と私は思いました。そのとき、私と同じくらい娘も自分の機嫌を直そうと必死なのだけれど、何か足りないものがあると気づいたのです。

突然、ある考えが浮かびました。ちょうど公園を出たところで、こう言いました。「ねえ、あなたのイライラ虫はね、公園の外には出られないんだって。だから、カフェに行く前に身体をはたいて、イライラ虫を落っことさないと！」。そして、娘の手や足をはたきながらくすぐりました。「大変！　1匹、髪の毛のなかに入っちゃったよ！」そう言って髪の毛の間を探すふりをしました。「今度は腕にいる！」そうこうするうちに娘は笑い出し、すっかり機嫌を直しました。

ちょっとした遊び心のおかげで、私たちはその日1日をずっと愉快な気持ちで過ごせました。遊び心とマインドフルネスとちょっとしたしかけの合わせ技で〝イライラ虫〟の完璧な撃退法が生まれたのでした。

娘が不満を抱えて怒っているときにやるゲームもあります。たとえば娘がこう言ったとします。「こんなごはん、だいきらい」。私はまた怒ったふりをして言います。「ほんとね、これ、全然おいしくない！」。娘はそれを繰り返します。「このごはん、ぜんぜんおいしくない！」。そして私。「くさいし、見た目も気持ち悪いね！　世界で一番まずいごはんだわ！　もう、最悪！」。ずっとしかめっ面のまま、言い続けます。そして、ついに2人で笑い出したら、ゲームはおしまい。

さっきまでの張りつめた雰囲気はすっかりなくなっています。これは、わが家にとっては、「そんなことないでしょ。本当は大好きじゃない。さ、座って食べましょ」と言うよりもずっと効果があるんです。子どもの言葉をちゃんと聞いていると示せて、そのイラ立ちを発散させる手伝いをしてあげられるから。緊迫してしまうかもしれない状況が、絆を深める機会になってくれたのです。

遊び心のある子育てによって、親と子の間に絆と笑いが生まれると、悪い雰囲気（大人の場合も子どもの場合も）を変えてくれることがよくあります。ちょうどよいタイミングで、子どもがこちらに気持ちを向けてくれさえすれば、遊びは子どもの不機嫌を払いのけて、楽しい時間を過ごせるように背中を押してくれるのです。

また、子どもは自分の感情を吐き出したときに寄り添ってもらえると、それまでよりずっと幸せでリラックスした様子を見せてくれることも多いはずです。

子どもが主導権を握れる遊びの場を作ってみましょう

子どもが大きな力を持てる場は、日常にはめったにありません。ほとんどの場合、予定を決められ、食べるものも管理され、世話をしてくれる人にすべてをゆだねなくてはならず、やることも、するべきふるまいも決められています。

ただ遊び心があるだけではこの事実は変えられませんが、子どもが力を発揮できる遊びの場では、子どもは自分の無力感を忘れ、自信や主体性を養えるでしょう。

子どもが主導権を握れる4つの遊び

次の4つの遊びは、力関係があるなかでも子どもが経験を重ね、もともと持っているパニック気質やトラウマを克服するのに役立つものです。

❶子どもが仕切る遊びをしてみましょう。

「ママは生徒で、わたしが先生ね。宿題をいっぱい出しますよ」。

❷むずかしい体験を再現する遊びをしてみましょう。

コロナ騒動が起きて以来、娘はお医者さんごっこをすることがとても増えました。これは大きな意味があります。遊びという安全な場で、病気になるといったこわい体験を味わえるからです。

❸遊び心のある状況で遊んでみましょう。

うちでは、娘を親の身体によじのぼらせてゲームをしたり、知恵比べをしたりします。

❹子どもの限界を広げられるような遊びをしてみましょう。

うちでは「あべこべ言葉遊び」をやります。娘は、本来言いたいこととは反対のことを言わなければならないゲームです。「ママ、だいきらい！　ひどいママだよ！」というように。リラックスするには、安全で最適な遊びですよ。

子どもの気持ちを言葉にしてあげましょう

教師であり、子どものためのマインドフルネス事業『マインドフル・キン』の設立者でもあるサル・グールドも、こうした遊びに賛成してくれています。「子どもたちの気持ちについて考えるためには、まず遊びを観察するのが大切な最初の一歩です。何かテーマが隠れていないか、注意深く観察します。

もしかすると、赤ちゃんが生まれた家の子は、赤ちゃんが病院に帰ってもとの生活が戻っている、というような遊びをしているかもしれません。その気持ちを言葉にしてあげてみましょう。『ジェイドはうらやましかったんだね。赤ちゃんはずっとママにお世話してもらってるから。ママのことをひとり占めしたかったんだね。そう思っていいんだよ』というように」

「自分の気持ちを言葉にしてもらい、それが普通の感情だと受け入れてもらえる経験が多いほど、子どもは自分の気持ちをうまく伝えられるようになります」

子どもとのコミュニケーションで大切なこと

ここまで、子どもの行動の理由を理解する、罰を与えたりほめたりといった子育ての方法について考え直す、不安定な時期ほど親子のつながりを深める、子どもの遊びから学ぶ、とさまざまなお話をしてきました。実は、これらは1つの言葉にまとめられます。そう、コミュニケーションです。コミュニケーションは、子育てのすべての土台になります。

「あなたの話はちゃんと聞くよ、ここは安全だから素直に自分の気持ちを表していいんだよ」と子どもに伝える方法が知りたいですよね。そのためには、私たちが子どもの頃に学んだコミュニケーションのパターンをいったん忘れたほうがよさそうです。

穏やかなコミュニケーションとは、言葉のやりとりというより、思考のやりとりです。判断したり怒ったり、イラ立ったりする気持ち（「あの子、私をわざと怒らせようとしてるの！　なんであんな生意気に育ったんだろう？」）から、思いやりと共感の気持ちを抱けるよう自分を変えられます。周囲の人たちの気持ちを理解したいと思う気持ちです（「すごく大変な思いをしたから、あんなことしちゃったのかな。何があったんだろう」）。

コミュニケーションについて深く考える姿勢は、穏やかな子育ての基礎になります。穏やかな子育てを目指せば、子どもを反射的に怒鳴ったりおどしたり、はずかしめたりして余計な波風を立てずに、理解しようとよく考えたうえで対応できるようになります。

何よりも大事な人として子どもに接し、信頼し尊敬する気持ちで話そうと心がければ、あなたのコミュニケーションはすぐに変わるでしょう。自分ならどうしてほしいか考えればわかります。子どもも同じですから！

穏やかなコミュニケーションのための7つのポイント

相手を尊重するコミュニケーションには、次のポイントがあります。

① あなたの気持ちを正直に伝えましょう

たとえば、疲れた、ストレスがたまっている、イライラしている、などといったことを、子どもにも素直に話しましょう。

② 子どもの話を邪魔しないで

子どもが話しているときは、静かに聞き、考えや提案、心配事、気持ち、アドバイス、リクエストなどを真剣に受け止めましょう。否定してはいけません。

③ 解決を急がないで

子どもが問題や不安を抱えていると、すぐに解決法を示したくなるかもしれません。でも、ちょっとその気持ちは抑えて、子どもに寄り添って共感し（「それは本当につらかっただろうね」）、それから解決法について訊ねてみると（「じゃあ、これからどうすればいいかな？」）、子どもは自力で問題を解決する方法を考え、自信を育てられます。レジリエンスと感情をコントロールする力も身につくでしょう。

4 前向きな言葉を使いましょう

「やってはいけない」と言うのではなく、「こうしてね」という表現に変えられないでしょうか。そのほうが、どうしてほしいのか、子どもには伝わりやすいからです。「家のなかで走るのはやめて」と言うと、子どもは「家のなかで走る」だけを強調して受け取ってしまうのです。だから、「外で走ってね」と言い換えましょう。そうすれば、してほしくないことを伝えるだけではなく、ほかのやり方も教えられます。

5 あなたが何をしようとしているか、子どもにも伝え、同意を得ましょう

赤ちゃん相手なら、「だっこするよ」「おむつを換えようね」「お顔をふこうね」「ベビーカーに乗るよ」という感じでしょう。幼児相手なら、「お注射するよ、痛いけど病気にならなくてすむからね」とか、「自動車に乗るときは危ないから、チャイルドシートに座ろうね」という具合に。就学前の子ども相手なら、歯をみがく必要性を説明したり、お腹いっぱいと言われたらそのま

まその言葉を信じたり、といった感じです。子どもがティーンエイジャーなら、ハグはしたくないと言われたら（聞きたくなくても）ちゃんと聞く、などですね。

つまり、あなたが子どもにしたいことを理由とともにはっきりと伝え、同時に子どもの意志も真剣に聞き、「いやだ」と言われたときもきちんと話し合うことが大切です。

6 子どもの不安や考えや気持ちに共感し、思いやりを持って受け止めましょう

たとえそれが、あなたには取るに足らないことに思えても。

7 「ダメ」より「いいよ」をたくさん言いましょう

しょっちゅう「ダメ」と聞かされると、だんだん意味が薄れていきます。「ダメ」は、本当に聞いてほしい大事なときにだけ使ったほうがよいでしょう。表現を変えればいいのです。「ダメ、今日はこのぬいぐるみは買わないよ」ではなく、「わかった、誕生日のプレゼントリストに入れようね」とか、「クッキーはもう食べちゃダメ」ではなく、「この1枚は明日の分ね」といったように。

ダメと言う前に、なぜダメだと言いたいのか、考えてみるのです――それ、「いいよ」って言ったら本当にいけないんでしょうか？

穏やかで敬意を持ったコミュニケーション・スキルは一朝一夕には身につきませんが、練習すればできるようになりますし、それだけの価値はあります。

穏やかなコミュニケーションとNVC

こうしたコミュニケーションの1つとして、とても役に立つアプローチ方法が、非暴力コミュニケーションです。

非暴力コミュニケーション（Nonviolent Communication：NVC）は、マーシャル・ローゼンバーグが作った穏やかなコミュニケーションのためのアプローチ方法で、彼の著書『NVC　人と人との関係にいのちを吹き込む法（新版）』（日本経済新聞出版社）で有名になりました。この本にはこう書かれています。

「非暴力コミュニケーションは、自分を表現し、人の話を聞くための方法を組み立て直すものです。型通りで反射的な反応をするのではなく、自分が見ているものや感じているもの、必要としているものを自覚したうえで、意識的に言葉を発することです」

非暴力コミュニケーションの軸には、私たちはいつでも、自分の要求を満たすために行動する、という考え方があります。これをほかの人にもあてはめてみると、ぐっと共感しやすくなります。

さらに、この考え方を子育てに生かしてみると、子どもを「行儀がいい／悪い」「正しい／間違っている」と評価するのではなく、子どもの要求に合わせた言葉選びができるのではないでしょうか。行動であれ、言葉であれ、子どもとのコミュニケーションを（問題を抱えていて大変な時期でも）大切にする姿勢を学べるはずです。

非暴力コミュニケーションの4つのプロセス

非暴力コミュニケーションには、４つのプロセスがあります。観察、感情、ニーズ、リクエストです。少しくわしく見ていきましょう。

1

観察

最初のステップは、何が起きているのか観察する、です。好ききらいを表現するとき、人のどこを見ていますか。判断や評価はせずに、その観察したことを表現しなければなりません。簡単に思えるかもしれませんが、やってみるととてもむずかしいものです。

たとえば「あの子、眠りが浅すぎるの」や「あいつはなまけ者でね」は評価ですが、「あの子、昨日は一晩に5回起きたの」や「あいつは、宿題をやり始めるのがたいてい遅いんだよ」は観察です。観察ではなく評価して話すと、あなたの要求はなかなか好意的には受け止められません。決めつけられたり、勝手に判断されたりして喜ぶ人はいませんからね。

2

感情

観察を表現できたら、次はあなたがどう感じるかです。ここでも、感情に見せかけた評価（「小さな暴君と暮らしてるみたい！」）と、本当の感情（「もう疲れて、イライラする」）とを区別する必要があります。

感情を表現すると、自分の弱さをさらけ出せて、人や状況や場所など、自分を取り巻くものから視点を離せます。周囲ではなく、自分自身に目を向けるのは、感情を表現するには大切なことで、自分の感情に責任を負うようにもなります。

人の行動は、私たちの感情に影響を与えるかもしれませんが、誰もあなたに何かを感じさせることはできないのです。「あなたは、本当に私を怒らせる」と「私は今、とても怒ってる」はまるで違うのです。

自分の感情を表現するときは、正確さを心がけましょう。

③ ニーズ

観察と感情が表現できたら、感情の裏にあるニーズを伝えます。たとえば、「あなたが妹を叩くと、ママこわいな。妹がケガしないように守らなきゃいけないから」とか、「汚れたお皿を、食器洗い機じゃなくてシンクに置かれると、いやな気持ちになっちゃうよ。あなたを大事にして、同じチームの仲間みたいに思いたいのに」といった具合に。

ニーズを伝えようとして、観察と感情を伝えがちですが、これらはまるで違います。たとえばパパかママがニーズ（「休む時間を必要としている」）を伝えるつもりで、「疲れちゃった」と言ったとしても、ニーズをわかってもらえないと、ストレスだけがたまってしまうわけです。

4 リクエスト

観察と感情とニーズを伝えられたら、最後はリクエストです。ここでのリクエストという言葉には重要な意味があります。旦那さんや奥さん、子ども、親など、誰かにリクエストするときは、相手に断られるかもしれないと考えておく必要もあります。**断る選択肢がないなら、それはリクエストではなく要求です。**ささいな違いと思うかもしれませんが、忘れてはいけません。

もし要求されていると感じたら、相手は従うか反抗するか、どちらかでしょう。断ってもいいなんて、考えもしませんよ。リクエストなら、具体的にも伝えやすくなります（「もっと助けてほしい」ではなくて「手が空いていたら、テーブルを整えるのを手伝ってもらえる？」）。

もちろん、ときには要求したい場合もあるでしょう。きょうだいを叩かない、コンロにさわらない、道路に飛び出さない、などはリクエストではすみませんよね。緊急の場面、安全を守る必要がある場面では、ただちに声をかけなくてはいけません。「コンロのそばで手を出しているね。心配だな」などと言っている場合ではありません。すぐに子どもを守りましょう。

ここまでの4つのステップに、私がもう1つ加えたいのが、共感です。話している相手にも、自分が相手の気持ちも気にしていて、ニーズにも応えたいと思っていると伝えましょう。

仕事と自宅学習で忙しいとき、どうやって家事を分担するか夫と話し合うときや、頭が痛いときには頼むからドラムを叩かないでほしいと娘に話すときなど、共感も大切だと実感するんです。相手の立場になって、理解しようと努めると、けんかも減り、相互のコミュニケーションがしやすくなります。

子どもへの話しかけ方を変えるのは、はじめはやりにくいかもしれませんね。いろんな言い方を少しずつ試しながら、しっくりくる言い方を見つければいいと思いますよ。失敗を恐れなくても大丈夫。

忘れないで。わが子を一番よく知っているのは、あなたです。わが子にきちんと届く言い方を、本能的に知っているはずなんですから。

言葉以外のアプローチを使うとき

子どもに何かをやめてほしい（あるいは、何かをしてほしい）とき、ただ言葉で伝えるだけでは足りません。**やってみせて、真似するようにうながしましょう。**靴を片付けてほしいなら、一緒に靴入れのところまで行って、どこに入れるのか見せるのです。

子どもに伝えたいことがあったら、お互い何かしていても、子どものそばへ行って目を見て、話せるときが来るのを待ちます。穏やかなコミュニケーションを実現するためには、子どもがきちんと内容を理解できる経験を積ませることが大切です。聞いてほしい話に耳を傾けてくれる機会も増えます。

約束を守らせるときには、言葉以外のアプローチが特に必要となります。お友だちを叩いてはいけないと言うだけではなく（何度も言いますが、好きで叩くわけではありませんよ。何かほかに問題があるのです）、**叩こうとしたらすぐに間に入り、必要ならその場を離れさせましょう。**

危ない行動をすぐに止めるのは、周りの子どものためだけでなく、あなたの子どものためにもなります。親のあなたが怒りだす前に、自分の行動を止めてもらえるのですから。

コミュニケーションのしかたを変えるのは、時間もかかるし練習も必要です。1日に1回、穏やかな子育てについて真面目に考えたとしても、すぐに日常の忙しさにかまけて忘れてしまいます。

つらいとき、疲れているときなどは、子どもとのコミュニケーションについて考える余裕なんてない、と感じるのはよくわかります。毎日を乗り切るので精一杯で、おうちでの子育てについて考えるエネルギーなんて残っていませんよね。

でも、実は、感情が高ぶりみんなが疲れている大変なときこそ、正しく共感に満ちたコミュニケーションが何よりも役に立つのです。子どもが困難に直面し、かんしゃくを起こして大暴れしているときほど、きっと実感するでしょう。

子どものかんしゃくは健康の証

パパとママを震え上がらせる言葉、それはかんしゃくでしょう。子どものかんしゃくはコントロールしづらく、悲しみや怒り、ストレス、不安、恥ずかしさなどさまざまな感情がごちゃまぜになって表れます。

特に、公共の場で、通りすがりの人にジロジロと無遠慮な目を向けられると、いたたまれない気持ちになりますよね。私のもとに相談に訪れたパパやママのなかにも、スーパーマーケットや駐車場で、どうにもならない子どもをなだめようと奮闘しているときに、舌打ちされた経験のある人がたくさんいます。

でも、安心してください。かんしゃくはごく普通の現象で、健康である証です。赤ちゃんに限らず、子どもにとっては激しい感情やストレス、怒り、動揺を表現する方法なのです。

子どもはかんしゃくによって、気持ちを整理し、心にたまったものを吐き出します。大人のようには、まだうまく感情をコントロールできないからです。

つらいときに、その場で叫べたらどんなにいいでしょう。きっとすっきりするでしょう。子どもだって同じです。スーパーマーケットの床にひっくり返って、恥ずかしがらずに感情を爆発させられるのであれば、その場所は、親としてわが子にあげられるプレゼントなのです。

かんしゃくや問題行動はいつでも起きますが、不安定な時期には特に見られやすくなります。子どもなりに、いつもと違う状況や変化や家族の抱えるストレスに対応しようとしているのです。

感情があまりに高ぶってかんしゃくを起こした子どもといると、あなたもパニックになり（「どうしてこの子には伝わらないんだろう？」）、動揺し（「大きらい、あっち行ってって言われた」）、ついには怒りも感じるかもしれません（「私だって疲れてるなか、一生懸命やってるのに、どうしてギャアギャア騒ぐの」）。

あなた自身が自分の感情を出さないように育てられてきたとしたら、いっそうつらいと思います——悲しいときも泣いてはダメと言われ、怒ってはいけないとも言われ、落ち込んでいるときも「もう大きいんだから」ですまされてきたのではないでしょうか。

めちゃくちゃで荒々しい感情を子どもにぶつけられると、あなたもとても疲れて、気持ちも弱ってしまいますよね。できるなら、あとで時間を作って誰かに話を聞いてもらってください。旦那さんや奥さんでも、自分の母親でも、仲のいい友だちでもいいですよ。自分がどう感じたか誰かに伝えてみてください。

子どものかんしゃくと向き合ってみましょう

あとで人に話したりする以外にも、かんしゃくと向き合う方法をいくつかご紹介します。

子どものかんしゃくと上手につきあうアイデア

❶ ただそばにいてあげましょう

かんしゃくを起こしているときは、抱きしめられても大丈夫な子もいますが、さわられたくない子もいます。そういう子には、ただそばにいて、言葉でもそう伝えましょう。「ここにいるからね。いつでも抱きしめられるように待ってるよ」

❷ みんなの安全を守りましょう

かんしゃくを起こしている子も、周囲の子も、あなた自身も、安全を守ってください。「叩きたかったのはわかるけど、弟を叩かないようにママは止めるからね」

❸ 約束は守らせましょう

家族で話し合って決めた約束を守ることは大切です。子どもが大暴れしても、ルールは変えないように。「アイスクリームは1日に1つでしょ。怒ってもいいよ。もっと食べたかったのはよくわかるから」

❹感情を吐き出すほかの方法を提案してみましょう

自分の気持ちを紙に描いたり、クッションを殴ったり蹴ったり、お手玉を投げつけたり、粘土を握りつぶしたり――どれも、言葉を使わずに、抱え込んだ思いを発散できる方法です。

❺悩みすぎないこと

安全に、自分の感情と折り合いをつけられたら、子どもは落ち着きを取り戻し、機嫌もよくなるでしょう。かんしゃくを起こしたなんてすっかり忘れて、気持ちを切り替えます。ぎゅっと抱きしめて、もう大丈夫そうだと思ったら、あなたも気持ちを切り替えてくださいね。

スポーツの実況放送風に話すと、子どもは自分で考え始めます

幼児教育者のマグダ・ガーバーが名づけた「スポーツキャスティング」とは、

なんの判断もせず、スポーツキャスターのように事実だけを述べる語り方です。

困難な状況に置かれた子どもや、1人でいる子（「クラッカーを落として割れちゃったから、悲しんでいるんだね」）や、友だちとけんかをしている子（「2人ともあの車のおもちゃで遊びたかったんだね。でも、車はジェーンが使っていて、まだ遊び終わっていないみたいだよ」）を支えるのにとても役立つ方法です。何も判断せず、ただ見たままを落ち着いて話すだけです。

スポーツ実況放送式で話すと、子どもは自分で解決法を見つけたり、けんかを終わらせる方法を探したりし始めます。

これは、子どもを信頼していると伝えられる方法です。「私はここにいて、いつでも助けてあげるけど、あなたならなんとかできると思っているよ」というように。

子どもも、お互いが納得できる解決法を探し始めます（「わかった、ええと、ボールを持ってるのはジョンだけど、2人とも遊びたいんだよね。どうすればいいかなあ?」）。問題を解決する力も、コミュニケーションの技術も、どちらも育つでしょう。

また、この方法で子どもの気持ちを言葉にしてあげられます（「箱に車をしまおうとしてるけど、うまくいかないね。だからイライラしちゃったんだね」)。そうすると、子どもは、自分の気持ちを表現する言葉を学べるのです。

子どものかんしゃくには、まず親が落ち着いて

子どもが激しく怒っているときに、穏やかなままでいるなんて、とても無理ですよね。これはどうしようもありません。でも、助けになりそうな方法をいくつかお伝えしてみましょう。

手に負えない状況のとき、自分を落ち着かせるアイデア

1 深呼吸をしましょう

深く呼吸をして、ゆっくりと10数えてください。肩の力を抜いて。やりたくない方法で無理やり子どもに向かい合うより、共感を持って穏やかに対応できるように。少しの間立ち止まってみるだけで、気の持ちようがまったく変わりますね。

❷ 自分は大人だと思い出しましょう

あなた自身もイライラが募ってしまったら、一息ついて自分に訊いてみましょう。「いい大人でも、イライラするとつらいなあ。子どもだったらどれほどしんどいんだろう？」

❸ 理解者である友だちや旦那さん、奥さんにメールをしましょう

自分のストレスを子どもに向けたくないからといって、気持ちを押し込める必要はありません。抱えている思いから解放されれば気分も上向き、穏やかになれるでしょう（自分が大人だったと思い出せます）。さらに、もし相手から共感を得られれば、ずっと気持ちが落ち着き、視点を変えてものごとを見ることもできます。

❹ 立ち止まってひと息ついてみましょう

あなたも含めて、みんながごはんを食べて、しっかり休んで、心地よい環境で過ごしましょう。

水を1杯飲んだり、パンを食べたり、上着を着たり、ココアを飲んだり……意外とそんなことでイライラが収まったりするものです。

❺ 子どもの問題行動は、あなたの育て方のせいではないのを忘れないで

子どもの行動は、コミュニケーションの1つで感情表現です。子どもは何かを求めているだけで、あなたの育て方を映しているわけではありません。

もしも自分がパニックになってしまったら、どうすればいい？

ときには、いくら頑張っていても、どうしようもないほどイライラして、怒鳴ったり、おどしたり、思わずひどい怒り方をしたりしてしまったりもするでしょう。そんなときも、あなたにできることはちゃんとあります。

自分がパニックにならずにすむアイデア

❶時間を取りましょう

自分を抑えられなくなったら、いったん子どもから離れる時間を取りましょう（もちろん、子どもが安全に過ごせる環境で）。クッションに顔をつけて叫んだり、お茶を飲んだり、チョコレートを食べたりして、落ち着いて子どもに向き合えるようになってから、戻ればいいんです。

❷謝りましょう

子どもに謝りましょう。これはとても大事で、大きな意味があります。自分が間違っていたと認めて、子どもに心から謝るのは、親としてお手本を示せる機会にもなります。

❸ もう一度絆を深めましょう

子どもを抱きしめたり、一緒に大騒ぎしながら遊んだり、本を読んだり、ゲームをしたり、散歩をしたりしてみましょう。子どもにまっすぐに向き合い、「大好きだよ」「ここにいれば安心だよ」、と行動で伝えましょう。

❹ 自分を許しましょう

あなただって1人の人間、完璧ではありません。うまくいかない日には、「私はなんてひどい親だろう。どうしてあんなに怒っちゃったんだろう」と落ち込んだりもします。でも、そういううしろ向きな考えは早めに捨てて。今日は今日、明日は明日ですよ。

❺ 振り返る時間を取りましょう

どうして子どもが問題行動を起こしたのか、考えてみましょう。「何かしてほしいことがあったのに、うまく伝えられなかったのかな?」「私のやり方がよくなかったのかな?」と原因を探ります。

❻ 自分をいたわる時間を取りましょう

子どもに我慢ができなくなるときは、たいていあなた自身が不満を抱えています。自分に余裕がないときに、子どもに共感してゆっくり待つなんてできるはずがありません。自分の欲求を満たすのは、子どもの欲求を満たすのと同じくらい大切です。身体の面でも、心の面でも、自分をいたわる時間も積極的にとりましょう。

言葉を伝えなくても気持ちは伝わります

言葉を使わない、前向きなコミュニケーションによって、子どもと気持ちを通わせられます。腕にふれたり、抱きしめたり、キスをしたりといった、あたたかく思いやりに満ちたふれあいで、何も言わなくても子どもに寄り添いたい気持ちを伝えられるでしょう。

子どもに上手に寄り添うアイデア

❶ 目線を合わせましょう

しゃがんで、子どもと目を合わせて話しましょう。洗い物をしていて手が離せないようなときは、顔だけでもちゃんと子どもに向けて。

❷ 強引にはふれないで

子どもの腕にふれると、「ちゃんとあなたを見ているよ」と伝えられます。抱きしめるのも、だっこするのも、キスをするのもよいですが、子どもが今はさわってほしくないと思っているときは必ず尊重しましょうね。

❸ 表情にも気をつけて

たとえば、いやそうな顔でおむつを換えると、あなたのその表情で気持ちが伝わってしまいます。

❹ 子どもの真似をしてみましょう

子どもの言葉や身ぶりを真似して、子どもに合わせようと思っている気持ちを伝えましょう。また、ボディランゲージの面から言うと、手や足を組んだり、身体をそらしたりするよりも、腕を広げたり、子どもにもたれかかったりする動作のほうが、心を開いていると伝えられます。特に、子どもと身長が変わらない人にはおすすめです。

❺ 気を散らすものを遠ざけて

携帯電話を機内モードにして、ラジオを消して、本を閉じてみましょう。親がほかのものに気をとられると、子どもの集中力に悪い影響が出るという研究結果が出ています（ユー、スミス、2016年）。また、新しいことを覚える能力も妨げられるそうです（ハーシュ・パセック、リード、ゴリンコフ、2017年）。

自分の内面を見つめ直すと、素敵な何かが起こります

ここまで見てきたように、平和な子育ては子どものためというより親のためのものです。子どもを〝やさしく〟しつける方法でも、泣かせずに子どもに言うことを聞かせる方法でも、予定通りに子どもを行動させる方法でもありません。自分より年齢の低い人とともに生きるなかで、みんなが満ち足りた心で、より幸せに、より穏やかに過ごすための、大人としての取り組みです。

つらい時期にこそ学べることがあります

本当の自分を知るには、自分の信じていることや行動が、人や自分にどう影響するかをよく見なければなりません。親としても、自分を理解し、何を大切にしているか、子どもについてどう考えているか、世界とどのようにつながっているかを知る必要があります。子育てについて、こんなことを自分に問いかけてみましょう。

自分を正しく知るための問いかけ

❊私の行動が、子どもにどう影響しているだろう？　このまま育っていくと、うちの子はどんな性格になるのだろう？

❊私の行動は、私が大切にしている思いにふさわしいだろうか？

❊どんなことをつらいと感じる？　どんなときにイライラする？　こわい？　不安になる？　打ちのめされる？　どうすればそういう気持ちを乗り切れる？　今、本当にほしいものはなんだろう？　さまざまな感情の裏で、本当はどう思っているんだろう？

※子ども時代の経験が、どのように子どもと子育てへの向き合い方や、親としての役割に影響しているのだろう？
※子どもは、いろいろな行動を通して、本当は何を私に求めているんだろう？

内面を見つめ直す作業によって、あなたは自分が完璧ではないと気づくでしょう――もちろん、完璧な人なんかどこにもいません。どんな親だって失敗するし、うまくいかない日もあるでしょう。よく考えないで動いてしまったり、感情のままに怒鳴ったりもします。平和な家庭を築くための子育てのコーチをしている私だって、ときにはカッとなってしまうんですから！

そういうときは、あとで自分を責めたり恥じたり悩んだりするのはやめて、自分をやさしく受け入れて、成長し学ぶ機会にしませんか。

私はよく、自分に言い聞かせています。もしあのとき別のやり方ができたら、きっとうまくいっていたよって。これは自分に対する思いやりで、本当は違うようにしたかった自分を認めてあげるんです。

一番つらい時期にこそ、成長し、学べて、自分や家族の本当の姿があらためてわかります。まさに大変な思いをしているときには、前向きになんて考えられないかもしれませんが、困難を乗り切ったときには、家族でお互いに成長を感じながら、ふたたび平和で安定した日々を送っているはずです。

セルフ・コンパッションを大切にしましょう

この章では、子どもや子どもの行動に対して無条件の肯定的配慮を心がける必要性についてお話ししてきました。これをあなた自身の行動にも生かし、心の声に耳を傾けてほしいと思います。私はこうした考え方を「思いやりのある好奇心」と呼んで、大切にしています。セルフ・コンパッション（自分を思いやること）です。

自分への声は、ときに厳しく意地悪でしょう。子どもや愛する人に向かっては決して言おうと思わないような言葉を、自分には向けてしまうものです。

ささいなミスで自分を責め、失敗したと思って悩み、「私はあんなに意志が強くない」「ダメな親だ」「いつもそう……」「うまくいったためしがない……」「どうしてあいうふうになれないんだろう」「もうちょっとうまくやれれば……」と人と自分を比べて落ち込みます。

アメリカの心理学者で講師、インサイト・メディテーション・コミュニティ・オブ・ワシントンを率いる立場でもあるタラ・ブラッシュは、自身の著書『ラディカル・アクセプタンス』（サンガ）で、この問題の核心を突いています。

「私たちの多くにとって、不足感はとても身近なところにあります。ほんのささいなきっかけで――誰かがほめられるのを耳にしたり、批判されたり、議論に巻き込まれたり、仕事で失敗したり――私たちは自分をダメな人間だと思ってしまうのです」

話は続きます。

「自分には足りないところがあって、価値がないと感じてしまうと、本当に愛されていても信じられなくなります……私たちは、安心できて、十分に自分を受け入れてもらえる、揺らがない信頼を心から求めています。ですが、自分に価値がないと思い込んでいると、そんなあたたかな信頼関係にはいつまでたってもたどり着けないのです」

自分への思いやりを持つためのアイデア

心のなかの批判の声は、ときにうるさく、親としての罪悪感によっていっそう、その強さを増します。子どもの頃から続いている声である場合も多いでしょう（「うるさい！」「どうしてそう見栄っ張りなんだ？」「そんなに恥ずかしがる必要はないのに」）。自分に向ける言葉を変えたり、自分の行動への見方を変えたりするのはむずかしいかもしれませんが、セルフ・コンパッションによって自分に対する反応を変えていくことはできます。次のような視点から考え始めてみてはどうでしょうか。

- 自分の声に意識を向けましょう。
  あなたの内なる声ってどんな感じ？　やさしく励ましてくれるか、批判的で厳しいか、どっちでしょう？
- どんなときに、自分に意地悪な言葉をぶつけているか知りましょう（それが正しいかを判断する必要はありません）。
  自分の子どもが同じ立場にいたら、なんと声をかけますか？　自分自身にも、同じようにあたたかな共感を示せますか？

❊自分の行動に対して、心から思いやりのある好奇心を持てる練習をしましょう。

ただ非難したり「どうして」と問い詰めたりするのではなく、そして問題を「解決」させたり自分の行動を変えたりもせずに、ただ何が起きたか記録しましょう。

たとえば、もし堪忍袋の緒が切れて子どもを叩いてしまったら、こんなふうに自分を思いやる気持ちを向けるのです。「いつもはあんなことしないし、したいとも思っていない。今私はどう思っている？　私の身体はどう感じている？　私が今、本当に求めているものはなんだろう？」

❊無条件の肯定的配慮の目から自分の行動を見るのを忘れないで。

意志に反する行動をしてしまったときも、きっとそのときはそれが一番いい方法だと思ったんですよ。

❊心のなかの批判の声が聞こえたら、自分をやさしく扱ってみてください。

手を胸にあて、深呼吸をしましょう。「私は精一杯やっている」と自分に言い聞かせてもいいですね。

❊不快な感情でも、自分の感情に向き合う練習をしましょう。

自分の身体に、どこか不快なところや緊張しているところはないか確かめ、どこでつらい思いを感じているのか知りましょう。考えや感情に名前をつけると、あなたはその感情そのものとは切り離された存在で、一定のレッテルを貼られているわけではないとわかるでしょう。

思いやりのある好奇心を育てるのも、セルフケアの一環として重要です。もっとも欠かせない取り組みと言ってもいいかもしれません。たしかに、1人でコーヒーを飲んだり、ケールのスムージーを飲んだりするより漠然としているかもしれませんが、本当にそうでしょうか。

たとえ定期的にランニングをしたり、身体によいものを食べたり、十分に睡眠を取ったり、周囲と関わりを持ち、自分の興味を追求したり（このすべてをこなしていたら、あなたはそれだけで私以上によくやっていますよ！）していても、自分に厳しい言葉ばかり向けていたら、あなたが本当に得るべき共感ややさしさを自分で奪っていることになるんですよ。

第１章のまとめ

1 すこやかな親子関係の中心には愛着と絆があります。罰を与える子育てはやめて、子どもの身体や心が求めるものに応えれば、この愛着を強められます。子どもが何歳かも、あなたがこれまでどんな子育てをしてきたかも、関係ありません。

2 行動はコミュニケーションです。子どもの行動の裏に何が隠れているかに気をつけてみると、子どもに共感しながら親子のつながりを深められます。問題行動には、思いやりを持って約束事を設けましょう。

3 親にとっては大きな問題ですが、かんしゃくはごく普通の、健康な子どもであれば誰にでも起きるものです。

4 子どもとのコミュニケーション方法を変えるのは簡単ではありませんが、前向きで、敬意を持った親子関係を作るとうまくいくでしょう。

5 遊び心を持って子どもに接すると、子どもの感情的な発達をうながせます。しつけとして罰を与えるよりよほど効果があり、親子の絆を深め、けんかを減らし、なごやかな時間を過ごせます。

6 完璧な親なんていません。あなたは、全力で頑張っています。

7 自分の心の声に耳を傾け、自分への思いやり（セルフ・コンパッション）を持ちましょう。

第 2 章

おうち子育てに素敵なリズムを生み出すアイデア

子どもに〝リズムの魔法〟をさずけてあげましょう

子どもはある程度先の見通しがきく、自由度のある世界に生きています。でも、予測を立てられない日々が訪れたら、私たちはどうやって子どもたちを安定させてあげられるでしょうか。ここでは、そのためのとっておきの秘密兵器をご紹介しましょう。

日々の生活にリズムを

子どもは、主導権を握れる機会があまりありません。やらなければならないことも、やっていいことも、約束事も、みんな大人に決められています。

赤ちゃんは勝手にだっこされて運ばれ、幼児は「ちょっと来て」と言われて車に押し込められ、学校に通う年頃の子どもは平日はテレビから早々に引きはがされ、ティーンエイジャーは親の都合で外出禁止令を出され……子どもたちは今、制約のなかで暮らしています。

ですが、そこに安定したリズムがあると、生活が予測しやすくなります。「次に何が起きるかわかっているから、安心だな」と思えます。「次はこうすればいいんだ」と食後はお皿を台所に下げたり、毎週水曜日の朝食後は公園へ行ったりと、行動もしやすくなり、子どもは心地よく過ごせるのです。

あなたの子どもの頃を思い出してみてください。一番よく覚えているのはなんですか。多分、毎日の暮らしに根づいた思い出ではないでしょうか。

学校から帰るときはおばあちゃんが迎えに来てくれたこと、寝る前に本を読んでもらったこと、日曜日の昼食はいつも決まっていたこと、木曜日はクラブ活動があったこと、週末だけ許される特別な約束があったこと……。

収穫祭や感謝祭、クリスマスといった季節や宗教に関するイベントの思い出や、夏に家族でしたバーベキューなども思い浮かぶかもしれませんね。

こうした思い出も生活リズムの一種です。それぞれにおいや食べ物、感覚、感情と結びついています。その感覚を思い出せば、繰り返しの持つ安定感という力を実感でき、どういうリズムを子どもに作ってあげればよいか想像できるのではないでしょうか。

ロンドン・シュタイナー学校の教え

私がリズムの魔法を知ったのは、娘のフリーダが小さい頃に、シュタイナー（バランスが取れた人を育てることに着目した教育法）の親子教室に参加したときでした。

ロンドン・シュタイナー学校で受ける週2時間のクラスでしたが、遊びもおやつも歌やお話も、しっかりとリズムが決まっていて、子どもたちを次の活動に導くようになっていました。子どもたちはとてもリラックスした様子で過ごしていました。

あとでグループリーダーの方が、「リズムがあると子どもたちはまごつかなくなり、自分で生活をコントロールしやすくなり、次にするべきことを覚えられるのです」と説明してくれて、とても納得しました。ですから、この不安定な時期にこそ、子どもたちは生活リズムの効果を感じられると思うのです。

総合的子育て事業を展開し、『すべての家族のリズムたち（Whole family Rhythms）』というブログを運営し、4人の子どもの母親でもあるメガン・ウィルソンも、こんな話をしてくれました。

「毎日、毎週、また季節ごとのリズムは、いわば生活の上でのよりどころです。子どもは守られている感覚に包まれ、幸せを感じます。1日のなかにしっかりと決まった生活リズムがあると、次の予定、起こることがわかります。リズムによって、家事や身支度や食事などの日課が習慣として定着するのです」

予測ができて安定すると落ち着けるのは、子どもだけではありません。親も、リズムを持つと生活をシンプルにできて、本当に大切にするべきことに注意を向けやすくなります。もちろん、寝るときやゲームの時間、お手伝いなども、やるやらないの言い争いが起きず、パパとママのストレスが減るわけです。

私も家庭に生活リズムを取り入れてから、毎日がラクで楽しくなりました。あなたにもぜひ、このリズムを作ってみてほしいと思います。

〝ルーティン〟ではなく〝リズム〟です

家族の生活リズムについて、もっともよく寄せられるのが、「ルーティンではないんですか？　どこが違うんですか？」という質問です。ルーティンやスケジュールなどの単語からは、分単位できっちりと予定が決められ、さまざまな仕事をこなすタイムテーブルに似たイメージが浮かびます。
リズムはルーティンとは違って、1日を予測して過ごしやすくするためのものと考えてください。

たとえばうちの娘には就寝のリズムがあります。夕飯を食べたらお風呂に入って、歯をみがきます。お風呂はだいたい19時頃ですが、その日によって少し前後します。ときどき、もっと早い時間にお風呂をすませたり、そのまま寝てしまったりする日もあります。

寝ることだけは決まっていますが、それ以外は日ごとにちょっとくらい違っても気にしません。リズムは便利な目印みたいなもので、あとはいたって自由です。あなたの家の都合に合わせて作ればよく、時間や活動を無理矢理あてはめるものではありません。

生活リズムを作る土台は、実はもうあなたの家庭にあるのではないでしょうか。たとえば、小さい子どもがいる家なら、毎晩おおよそ同じ流れがあって、同じ時間に寝るでしょう。お風呂に入って、パジャマを着て、夕食を食べて、歯をみがいて、絵本を読んで、キスをして、電気を消して、といった具合で。いつも決まって19時半に寝るわけではないでしょうし、いつもより長めに絵本を読む日もありますよね。

それでも、そこには子どもが安心して眠りにつけるリズムがちゃんとあるのです。もっと大きな子どもだとしても、おやすみなさいのあいさつをして、灯りを消して、というところまでは変わらないはず。あとはベッドでどれだけ本を読もうが、子ども次第ですけどね。

先ほど紹介したメガンは、こうも話していました。「まず1日のリズムを作ったら、家族の価値観も大切にしてほしいのです。1日のなかで大切にしたいのは何か、それはなぜか、考えてみてくださいね」

生活リズムを作ると、私たちは自分たちにとって価値のあるものと生きていけますし、子どもは日々を繰り返し、その価値を学びます。結局、私たちの生き方によって、子どもは人生で大切にすべきものを覚えるのです。

日々の生活リズムの整え方

1日中子どもと家で過ごすことになったとき、自宅学習をしているかいないかによらず、毎日の生活リズムが大きな意味を持ちます。あなたがどんな生活を送るかは、子どもが何を求めているか次第と言っても過言ではありません——もちろんあなた自身の欲求もないがしろにはできませんが。

強く柔軟な生活リズムができあがっても、慣れるまでは少し時間がかかるでしょう。でも、一度リズムが身体に染み込めば、必ず過ごしやすくなります。

自営業で忙しく働き、5歳と3歳と1歳の子どもを育てる母親でもあるピッパ・ハウンズローも生活にリズムをうまく取り入れていて、こう話してくれました。

「うちの家族みんながリズムに支えられていますが、誰よりも助かっているのは私です。毎日計画を立てて、うまく1日を切り回せるよう考えるストレスから解放されたので。『工作』や『外遊び』などいくつかの活動を中心に据えるだけで、あとは好きに変えられますから、毎日を新鮮に過ごせています。私が穏やかで落ち着いていられるのも、家族にとってのメリットですね」

「息を吸う時間、吐く時間」を作りましょう

シュタイナー教育では、親と子どもがつながっているときを、息を吸う時間ととらえます。

たとえば本を読む、一緒に遊ぶ、話をする、一緒にごはんを食べる、子どもが何か描いたり作ったりしているときにそばで見守る、などです。

子どもが外の世界と関わっているとき（1人で自由に遊んだり、公園で走り回ったり、友だちに手紙を書いたり）は息を吐いている時間です。

息を吸ったら息を吐く時間も必要です。子どもは、息を吸ってパパやママとのつながりをたくさん吸収します。そうすれば、息を吐いている間もパパやママがつきっきりで遊ばなくても1人で過ごせるのです。

第1章で見てきたとおり、子どもはさびしさや孤独を感じると行動で表現します。親にとっては悩ましい、ストレスや争いの元となりうる行動です。

なんとなくでよいので、この「息を吸う、吐く」のイメージを家庭に取り入れると、子どもとよい関係を築けて、親子ともどもストレスから解放されるかもしれません。

もう少し上の年齢の子どもやティーンエイジャーくらいになれば、息を吸う期間は短くてよいでしょうが、パパとママとのつながりが必要なのは変わりません。精神的に大変な時期にこのイメージを持っておくと、つらくても子どもとの関係を忘れずに保っていられるはずです。

本当は学校や保育施設に通っているのに、突然休校や休園になってしまった子どもがいる場合、家でも学校や保育施設と似たリズムを取り入れるのもいいかもしれませんね。

時間割にきっちりと沿う必要はありません。昼食の時間をだいたいそろえて、あとは子どもが好きな活動を組み合わせる程度で十分です（水曜日に外国語の授業があるなら家でも続ける、など）。今は一緒に遊べない代わりに、昼食の前に友だちとビデオ通話をさせてあげたりしても。

新しい生活リズムに慣れるまで、できる範囲で以前の生活リズムを続けると、子どもは安心でき、リラックスできると思います。

先ほどの例よりもう少し年齢が高いか、ティーンエイジャーの子どもにとっても生活リズムは大切です。といっても、親のあなたが子どものリズムを作る必要はなく、1日のなかで子どもにちょくちょく関わればいいでしょう。子どもがどんな生活リズムを作るか、楽しみにしてください。

このくらいの年齢の子どもが作るリズムは、あまり安定したかたちをしていないでしょうが、家族そろって食事をしたり、映画を観たり、ときには時間を決めて勉強させたりといった予定をはさみながら生活ペースを保つとよいですよ。

子どもと家で過ごすときの1日の生活リズムの例

0～7歳くらいの子どもと家で過ごすときの生活リズムの例をご紹介します。もちろん、あなたの生活リズムは全然違ってもいいんですよ！

- 起床、トイレ／おむつ換え、ベッドを整える。
- 朝食を作りながら子どもと遊び、洗濯をし、おもちゃを片付け、手を洗う。ヨガをやるのもいいかも。
- 一緒に朝食を食べ、その日のやりたいことを話し、ろうそくに火をつける。そのまま食卓で本や詩を読んでゆっくりする。
- 手を洗い、食卓を片付け、着替えて歯をみがき、髪をとかす。

- 公園で散歩、もしくは庭や家で遊ぶ。
- 家で昼食を食べる（食事のリズムは朝食のとおり）。
- 昼寝、もしくは静かに遊ぶ時間。パパとママにとってはリラックスタイム。
- 一緒に遊ぶ。
- その日の活動をする。工作や料理、植物の世話、粘土遊び、映画を観るなど。
- お茶とおやつの時間。本も読む。
- 家の仕事をする。片付けや掃除、夕食のしたくなど。子どもはお手伝いか、遊び。
- 夕食を食べる。
- 寝るときのリズムに沿って、就寝。

日々のリズムのなかに〝アンカー〟を置きましょう

アンカー（碇）は、1日のなかでポイントとして置かれ、リズムを保つ役割を果たします。その日どんな予想外のことが起きようと、予定を変える必要に迫られようと、いくつかアンカーを持っておくと、生活リズムを大きく崩さずにすみます。家族も安心でき、いつもと違う日も楽しんで過ごせるでしょう。一番よいアンカーは、すでにあなたの生活にあり、出番を待っています。

シュタイナー教育の早期教育者で3児の母であるケリー・エリス＝ラダードは、家族にとって生活リズムは欠かせないものと話していました。

「うちの子どもたちは歳が離れていて、12歳と8歳と1歳なんです。生活リズムがあると、家族がそれぞれのペースで活動できて、さらに家族としての時間も楽しめます。みんなが自分の興味や必要に沿って生活しながらも、食事や散歩など家族一緒にできることもしていますよ。なるべくシンプルに時間の使い方を分けて、リズムを保つと、どの年齢の子どもも時間とエネルギーを十分に使って、勉強したり、きょうだいで遊んだりできるんですね」

朝起きたとき、食事、夜寝るときなどは、生活リズムを支える便利なアンカーになりそうです。どれも、どんな日でも絶対にやりますからね。それぞれを、もう少しくわしく見ていきましょう。

生活リズムを支えるアンカーのアイデア

食事のとき

生活にリズムを持たせたいときは、食事を活用するのが一番です。何が起きようと、みんなごはんは食べますし、ある程度時間の決まったアンカーとして置くことで、残りの時間もメリハリがつきます。

とはいえ、子どもが小さいと、食事の時間はてんやわんやでゆっくり楽しんでいる余裕なんてないかもしれません。それでも積み重ねていくと、だんだん習慣として身につきます。子どもも「ごはんを食べるってこういうことなんだ」と受け入れていきますよ。

ほかにも、こんなアイデアがあります。

❊子どもにお手伝いを頼みましょう。

ある程度の年齢の子なら、食卓を整えたり、コップに水を注いだりできるでしょう。食後はお皿を下げてもらって。ティーンエイジャーなら週に1回、食事作りを担当してもらったり、メニューを一緒に考えてもらったりしてもいいですね。

※決まったメニューの日を作りましょう。

パスタの日、スープの日、ピザの日などなど。テーマは決まっていても、中身はいろいろ工夫できるはず。一からメニューを考えるエネルギーも節約できます。

※週に1回は大皿料理にしてみるのも手です。

野菜と肉をオーブンで焼いて、その間にサラダを用意する。音楽でも聴きながら、楽しく手軽に。

※食事の前にろうそくをつけ、食事が終わったら消しましょう。

※自分で手を洗える子は、食前と食後に手を洗いましょう。

パパやママと歌を歌いながらでもいいですね。

※赤ちゃんにも、ミルクをあげるときは簡単な歌を歌ってあげましょう。

個人的な意見ですが、母乳だろうと粉ミルクだろうと、赤ちゃんには、ほしがったときに飲ませてあげればいいと思っています。お医者さんに指示されない限りは。

❊食事の間は、気が散るものは片付け、家族みんなが参加できる話題で会話を楽しみましょう。

❊詩やお祈りなどを、家族の考えに合わせて一緒に読みましょう。

❊感謝の練習（感謝の気持ちを育てるエクササイズ）をしてみましょう。

家族で、感謝の気持ちを分け合います。小さい子には、「今日は何がうれしかったかな」、と訊いてみましょう。子どもの年齢によっては、週に1回、その週で特に印象に残った出来事や、挑戦したことについて話してもらってもいいですね。

ベッドに入るとき

子どもがいる家なら、寝るときも1日のリズムを安定させる役割を果たします。もちろん、穏やかにその日を終えるためのアンカーにもなります。

寝るときの流れはいつも同じにして、次に何をするかわかりやすく。誰が寝かしつけても順番は変えないほうがよいでしょう。子どもが安心して眠れる環境を作るのです。

まだお昼寝をしている子なら、お昼寝のときも簡単なリズムを作るといいですね。カーテンを閉めるとか、歌を歌うといったことで十分ですから。

ほかのアイデアもご紹介しましょう。


❊ラベンダーなど、好きな香りのアロマオイルを使ってリラックスする手助けをしてあげましょう。

❊ベッドに入る前に、やさしく声をかけましょう。

❊おもちゃにも「おやすみなさい」とあいさつしましょう。

❊子どもの耳元でやさしく声をかけましょう。

❊子どものための夜の瞑想音楽を聴いてみましょう。

❊いつも寝る前に絵本を読むかお話をしましょう。

❊朝の支度が苦手な子には、夜のうちに翌日の洋服を用意しておきましょう。


毎晩パパやママが「おやすみなさい」と声をかけるだけで、ティーンエイジャーも寝るときのリズムを作れます。安心できる場所を作り、好きなだけ考えごとができるようにしましょう。

1日の始まり

1日の始まりは、慌ただしくなりがちです。でも、朝の日課もたいてい決まっていますから、生活リズムを作るにはもってこいなのです。

ほとんどの人が、朝は調子が出ないでしょうし、ストレスの多い朝はことさら気力がわきません。もっと早起きして、子どもが起きる前に支度をしておきたかったのに……と後悔で始まる朝もあるでしょう。

あなたがまったく朝型人間でないとしても、朝がもう少しラクに、楽しくなるアイデアをご紹介しましょう。

❊最初にやるべきことを考えましょう。

どうやって子どもを起こしますか？　穏やかに声をかけてみますか？　となりに寝転んで、昨日の夢の話や、今日やりたいことについてちょっと話してみるとか？　子どもが自分で起きてきたら、朝のあいさつをする準備はできていますか？

❊あなた自身の朝のルーティンに集中しましょう。

朝、気持ちのよいスタートを切れれば、子どもにも落ち着いて向き合えます（自分に活を入れて、子どもが起きる前に目覚まし時計をセットする、とか）。それだけで大違いです。実は私も早起きは苦手なんです――ベッドの誘惑が強すぎて――でも、うまく起きられたときは、最高に気持ちいいですよ。

※子どもの年齢によっては、1日の流れを表にしてみましょう。

時間通りに予定をこなす習慣につながり、自分で表を見て次にやることを確認できるので自主性も育ちます。

※遊び心を忘れずに。

毎日着替えにかかる時間を計って、親子で自己ベストの更新を競ってみましょう。片足跳びでどこまで行けるか競ってもいいですね。

※朝を楽しめる方法を見つけましょう。

朝の時間のリズムを作るのもいいかもしれません。美しい曲や心が浮き立つ曲を流したり、アロマオイルの香りに癒されたり、家族みんなでゲームをしたり、朝食のときにクイズを出したりしてみてはどうでしょう。

子どもにとって「切り替え」は、難題です

ある活動から次の活動へ移る「切り替え」は、子どもにとってはなかなかむず

かしいものです。生活リズムを作って見通しを立てやすくすると、うまく切り替えられるかもしれません。次にやることが予測できれば、不意をつかれたり、驚かされたりしないですみますから。

この切り替えでしっかりしたリズムを作ると、その日全体の流れがスムーズになり、けんかやストレスも減るでしょう。

活動を切り替えるには、お手本を示す必要があります。もし、子どもにもう寝なさいと言いながら、あなたはまだメールを打ったり洗い物をしたりしていたら、子どもは多分遊ぶのをやめないでしょう。

「ごはんにしますよ」と子どもを呼んだら（一緒に料理をしたり、テーブルに食器を並べたりしているかもしれませんが）、食事はもうできあがっていなければなりません。あなたも席について、食べる用意ができていなければならないのです。

切り替えをうまくいかせるヒントをお伝えします。

スムーズに切り替えさせるためのアイデア

※単純な歌を歌って、切り替えの合図にしましょう。

「遊びはおしまい～、次はおもちゃを片付けるよ～」とか、「ごはんの前には～手を洗うよ～」とか、「お茶の時間～、座っておやつを食べよう～」とか。どんなメロディをつけてもいいですよ。

❊次の活動に移る前に、声かけをしておきましょう。

子どもが心の準備をできるように、「その遊びが終わったら、手を洗ってお昼のサンドイッチを食べよう」「もうすぐ公園はおしまいだよ。あと3羽、アヒルにえさをあげたら、好きな枝を拾って帰ろうね」というようなことを言っておきましょう。

❊決まった時間にすることをリストにし、そのとおりの順番で進めましょう。

ラミネート加工すると、すんだ項目にチェックをつけたり、好きなデザインにしたりできます。自分がやるべきことも覚えやすいので、自主性も育つでしょう。

生活リズムが安定するほど、次の予定がわかりやすくなり、切り替えもスムーズになります。

パパとママの「自分のための時間」もリズムに組み込みましょう

パパとママは、自分のための時間を十分に取ることも大事です。自分たちのためだけでなく、家族のためにも、です。とはいえ、それでなくても大変な時期を過ごしているのに、「自分のための時間を取るなんて無理」と思うのもわかります。それでも、セルフケアの時間を毎日の生活に取り入れるために、こんなふうに取り組んでみませんか。

「自分のための時間」を作るためのアイデア

❶ まずは小さな一歩から

子どもが起きる前にコーヒーを1杯飲む時間を取りましょう。洗い物の間は、好きな音楽を流してみましょう。洗濯物を干すときは、ベランダで深呼吸をしてみましょう。赤ちゃんがお昼寝をしている間に、本を1章分読みましょう。セルフケアの機会って、こんなにいろいろあるんですよ。

1日のなかで数分ずつでも時間を見つけてセルフケアに使ってみると、自分を大切に思えて、欲求も満たしやすくなってくるはずです。

❷ 生活のなかに「静かな時間」を作りましょう

昼食が無事にすんだあとや、子どもがお昼寝するかオーディオブックを聴くか、静かに遊んでいるときがチャンスです。

最初は、「今は本を読んであげたり一緒に遊んだりできないよ」と言うと、子どもは文句を言うでしょう。でも、しばらく続ければ「今はそういう時間なんだ」と慣れていきます。

ほんの30分、自由な時間をもらえるだけで、家族みんなが幸せになります。

❸ セルフケアは子どもから離れるという意味ではありません！

1人になる時間が取れないとき、子どもと一緒にできる楽しい活動に取り組むのも、自分の気持ちを大切にしつつ満足できるよいアイデアです。

自然のなかをハイキングしたり、長編映画を観たり、一緒に泡風呂に入ったり、お茶を飲みつつ、ソファで毛布にくるまって、子どもに読み聞かせをしたり……、子どもと一緒に楽しめる方法を見つけて、時間を作ってみてください。

元教師で、今はブロガーであり2人の子どもを育てる母親でもあるグラ・コンウェイに、一家の生活リズムのなかで、静かな時間はなぜそんなに重要なのか訊ねたことがあります。

「わが家では、毎日の静かな時間は欠かせません。子どもたちはまだ年齢的に、休憩しないとくたびれてしまいますし、家族がみんなで過ごすなか、仕事からいったん離れて精神的に休める時間は貴重なんです」

「この時間で、午前中の気分を整理するんです。とても楽しかったら、ただ休憩して元気を回復します。緊張した時間を過ごしたのだったら、力を抜き、心をほぐします。私が思うに、休んだりリラックスしたり、自分を振り返ったりする姿を見せるのは、子どもにとって大きな意味があります。特に、忙しいのが当たり前の世の中ではね」

週ごとの生活リズムを整えましょう

あなたが、外でフルタイムで働いていようと、毎日子どもと過ごしていようと、あるいはそのどちらでもない日々を送っていようと、週ごとにリズムを作るのは、子どもにとっても先を見通しやすくなり、安心できてよいことです。あなたも心の余裕を得られて、自分自身の欲求を満たせる時間が生まれるはずです。

週ごとのリズムによって、子どもは次に起きることを予測できます。あなたは、人生にはバランスが必要だとわかったうえで、自由に自分で予定を立てられます。

週ごとの生活リズムを作るには、「どんな予定がありますか？（外での仕事、宿題や習い事、家事、その他の約束事など）」「何をしたいですか？（ランニング、公園でのピクニック、遊びの約束）」「もう決まっている予定に、どう組み込んだらよいでしょう？」といったことを考えてみましょう。


週全体で見てみると、まだ予定が空いているところや、目いっぱい埋まっているところがすぐにわかるでしょう。そうすれば、バランスを取りやすくなり、運動なり、1人の時間なり、パパやママと一対一で過ごす時間なり、家族みんなが週を通してそれぞれの欲求を満たせる生活リズムを作れます。

あなたがいつも家で子どもと過ごしているなら、ちょっとした予定を入れると日々にメリハリがつき、先も見通しやすくなると思います。

毎日、料理や散歩、オンラインで受けられる美術講座、おじいちゃんおばあちゃんとのビデオ通話など、予定を作ってみてはどうでしょう。

生活リズムは、子どものためだけではありません。週に1回、夜ランニングに行くとか、月に1回、夫婦で夜のデートをするとか（一緒にテレビを観ながら、ソファでテイクアウトのピザを食べる、でもいいんです）、予定を組むと生活が大きく変わります。楽しみが待っていて、自分には楽しむ権利があるとも思えるからです。

その週の見通しが立たないときは

仕事が交代制だったり、パパかママが忙しかったり、自分ではどうにもできないことがあって週の見通しが立たないときは、アンカーとなるポイント（朝、食事、寝るとき）を中心に1日のリズムを作ることが、いっそう大切になります。

寝かしつけをするのも、おじいちゃんおばあちゃんや、ベビーシッターになったりするかもしれませんが、リズムを守れば子どもは安心できます。

生活リズムのなかに、家族で強いつながりをはぐくむ時間があれば、きっと役立つでしょう。実際に取れる時間は日によって異なるでしょうが、肩の力を抜く時間（本を読んだり、遊んだり、お話を聞かせたり、くすぐりっこをしたり）を定期的に持つと、忙しくても子どもとの絆を深められ、子どもにいっそう安心感を与えられます。

出張などで家を空けている家族がいるときは、定期的にビデオ通話をして、離れていても心でつながり、互いに感情を表現できるように努めましょう。

次のようなことを気にかけるとよいと思います。

見通しが立たないときに子どもに伝えておきたいこと

※寝るときに、翌日の予定を伝え、翌朝もう一度伝えましょう。

繰り返し説明すると、子どももだんだん理解できます。わかりやすく説明すれば、だまされたとは思いませんよ。

いつもと違う予定があると説明しやすいですね。「明日はね、ママがお仕事に行っている間、パパが遊んでくれるんだって」。年齢がもう少し高い子も同じです。「明日、ママの帰りが遅くなるんだ。よかったら、夕ごはんを食べるのを待っていてくれないかな」というように。

※予定がはっきりしなくても正直に話しましょう。

「ママかパパ、どっちかがお迎えに行くからね。どっちが行けるかはまだわからないんだけど、必ず行くから」などと説明しておきましょう。

※守れるリズムはできるだけ守りましょう。食事のときにろうそくをつける、水曜日にはパスタを食べる、日曜日の夜は家族で映画を観る、など。

リズムが目に見えるようにしましょう

子どもには目に見えるほうがわかりやすいので、1日や1週間の予定を書いた表を作るのもいいでしょう。

表はできるだけシンプルに作ります。予定が変わりやすいなら、ラミネート加工して、日曜日の夜の欄にさまざまな予定を描いたカードなどを、はがせるテープで貼っておきましょう。

目に見えるリズムを作ったからといって、きっちりと守らなければならないわけではありません。ときには予定から外れたりもしますが、それが人生です。

ですが、表があると、次の予定を覚えやすくなり、楽しい予定に期待したり、楽しくない予定に覚悟を決めたりもできます。

1日や1週間を目で見ながら計画を立てると、自分が目指しているバランスが取れているかも簡単に確認できます。食事のリズムも取り入れるなら、一緒に書き込み、ついでに買い物や掃除など家事の予定も書いておきましょう。

でも、できるだけシンプルにするのは忘れないでくださいね——貼るのは簡単かもしれませんが、少ないほどいい、ですよ。

脳の仕組みが異なる子どものためのリズム

見通しと流れはどんな子どもにとっても重要です。でも、神経多様性を持った子どもの場合、常に安心感を覚え、幸せを感じることがとりわけ欠かせません(「神経多様性を持った」とは、自閉症やＡＤＨＤ、感覚処理障害、発達遅滞などの子どもたち、人々を総称する表現です)。

こうした子どもたちは、変化や切り替えがことのほか苦手ですが、不安定な時期でもリズムを保つことが特に大切です。予想外の出来事が起きると、感情をうまく調節できなくなり、気持ちを激しく乱したり、暴れたりしてしまう場合があるのですが、彼ら自身にもコントロールがむずかしいのです。

かつてメンタルヘルスの分野で行動面の専門家として働いており、現在は神経多様性を持った娘を自宅学習で育てているクレア・チャプルが話してくれました。

「神経多様性を持った子どもにとって、どんなに小さな違いであっても変化は本当に受け入れがたいんです。でも、高く評価されている支援方法を使えば、彼らを支えられます。言葉では伝わりにくい子も、絵を描いて見せれば情報を処理しやすくなります。1日を通して、リストや視覚支援カードなどを使っています」

「たとえば『ヘビーワーク』（穴を掘ったり、ブロックが山積みになった重いワゴンを運んだりして、身体に負荷をかけ、強い感覚を得る療育プログラム）のような感覚入力の訓練では、神経多様性を持った子どもは、変化のせいで感じる不安を身体的に経験します。

でも何よりも、こうした子どもたちが、変化を受け入れられるよう支えるために大切なのは、正直さなんですよね。うちの娘も変化を見るとショックを受けますが、親や世話をする者としては、彼らと一緒に、発達段階にふさわしい方法で変化を受け入れる責任があると思うんです」

在宅勤務のリズムを見つけましょう

あまり聞きたくないかもしれませんが、言わなければなりませんね――家で子ども（特に小さい子）を見ながら仕事をするのは、大変です。仕事と子どもの両方を常に気にするのは、はっきり言って不可能です。そして、仕事にも子どもにも全力で向き合えない罪悪感も、たしかにあります。

それでも最近は、多くのパパとママが、やむを得ず仕事と育児のバランスを取っています。これまでは外で働いていたのが、今は状況によりできなくなってしまい、子どもがいるなかで仕事をしながら、さらに自宅学習にも取り組んでいるのでしょう。上司に相談して、子どもの世話をしながら仕事ができるよう、フレックス制にしてもらった人もいるかもしれませんね。

長期的にしろ、一時的にしろ、子どもが家にいる環境で仕事をしているなら、リズムを持っていると本当に助かりますよ。もちろん、家庭によってリズムのかたちはまるで違うでしょう。

在宅勤務がラクになるアイデア

家で子育てと仕事を両立するのは、たしかにものすごく大変です。特に子どもが小さいうちは。でも、せっかくなら自分にとって最高のチャンスにできるように、私からもいくつかヒントをお伝えしますね。

1 仕事のリズムを作りましょう

まず、絶対に譲れないのは何か、はっきりさせましょう。

何が、いつありますか？　参加しなければならない、週1回の電話会議？　決まった締め切り？　パソコンの前にいなければならない時間帯？　子どもについてはどうでしょう？　時間を使って子どもに向き合えるアンカーは、1日のどこに置きますか？

次は、仕事にあてられる時間を、いくつかのまとまりに分けられるか考えてみてください。できれば大きなまとまりは集中して仕事をするために取っておきましょう。短い時間は、メールの返信やちょっとした作業にあてて。はじめはリズムどころではないかもしれませんね。でも、大丈夫。リズムは自由でいいんです！

② 仕事をするときは独創的に

旦那さんや奥さんと、あなたの仕事について本音で話し合いましょう。もし二世帯住宅なら、両親とも話しましょう。締め切りや大きなプロジェクトなどについて伝えておきます。週ごとの計画を立てて、重要な電話やオンラインミーティングの日時をあらかじめ記入しておき、その間だけ子どもを頼めないか相談しましょう（どうしてもむずかしければ、テレビを観させてもいいでしょう。このあとの項を参考にしてください）。

早朝や夜に仕事ができる人はいないでしょうか？　週末にできる人は？　時短勤務はできませんか？　隔週の金曜日を休みにすることは？　昼休みに余裕がある人は？

私のもとに相談に来るパパやママのなかにも、こういった独創的な方法を使って、夫婦で折り合いをつけながら子育てと仕事を切り回している人がたくさんいます。もちろん、折り合いをつけるのが最善のやり方とは思えないときもあるかもしれません。

たとえば夫と私は、忙しすぎて週末も夜もない、昔ながらの働き方をせざるを得ない時期を乗り切り、仕事と娘の自宅学習を共同で担ってきました。うまくいくかいかないか、そこにはやはり違いがあるのです。

③ ときどき子どもにもお仕事をさせましょう

幼児の場合は、家でお絵描きやパズル遊びをしてもらいましょう。学校に行く年齢の子なら、宿題をやったり、手紙を書いたりできます。あなたが仕事をしているとなりに座らせても、いいかもしれませんね。

④ ゲーム、テレビも利用しましょう

1日に1～2時間程度は、テレビやゲームの時間を取ってもいいでしょう（夕方だとちょうどエネルギーが切れる頃で、よいタイミングのようです）。子どもがテレビやゲームに夢中になっている間は、もちろん静かに仕事ができますし、電話もできます。静かな場所でないとできない作業にも手をつけられるかも。それだけでなく、余計なけんかも避けられるんですよね。

オンライン授業、動画、友だちや家族とのビデオ通話などの時間にしても

よいでしょう。

5

冷静に仕事の優先順位をつけましょう

メールチェックよりも、やることリストの上位にある3つの業務を片付けましょう。2週間以上残っている項目は、削除しましょう。
冷静に優先順位をつければ、会社やクライアントにとっても、あなたに頼める作業と頼めない作業がはっきりわかって助かります。
自分の時間に限界を定めるのは気分のよいものではないですが、結果的にはそのほうがみんなのためになるのです。

6

助けを求めましょう

あなたがいつも家で仕事をしているなら、旦那さんか奥さんに子どもの遊び相手を代わってもらえないか訊いてみましょう。保育制度が利用できるなら（自宅学習をしていても使えますよ —— 家で子どもの教育をしていて仕事を持っている人は、ベビーシッターや保育園などを利用しています）ぜひ利用してください。短時間でも、驚くほど効率的に仕事ができますから。

もし、誰の手も借りられなかったり、急に自宅で仕事をせざるを得なくなって、子どもに午後中テレビを見せてしまったりする日があっても、どうか罪悪感を持たないでくださいね。そのおかげで大きなプロジェクトが終わればいいじゃないですか。とにかく、うまくやることだけを考えましょう。

7 自分にやさしく

家に子どもがいるなかで仕事をするのは、この上なく大変です。どうしても仕事をこなせない日や、子どもの相手をする気力がまったくわかない日もあるでしょう。そういう日は、そのままやりすごしていいんですよ。

8 息を吸って、息を吐いてーもう一度

シュタイナー教育の「息を吸う、息を吐く」のイメージは、子どもとつながりを持ち、子どもの要求に応えるときにも、とても役に立ちます。

小さい子ほど、あなたとたくさん過ごしたがりますが、「息を吐く期間」を狙って仕事をすればいいのです。また、食事や読書、遊びや料理などを通じて子どもにたっぷりつきあおうと思うときは、できれば邪魔になるものは

片付けましょう。

最初にしっかりとつながりをはぐくむ時間を取れば、子どもは親から離れて遊んだり、一緒に「お仕事」をしてくれたりするのです。

9 「明日は来る」と思いましょう

1日がうまく流れるリズムが見つかるまで、少し時間がかかるかもしれません。

子どもが体調を崩したり、落ち込んだり、いつもよりやたらと甘えてきたりして、どうしようもなくつらい日もあるでしょう。仕事の締め切りを抱えて、あなた自身もいつも以上にイライラして、ストレスを感じる日もあると思います。

でも、おおらかな心で接しましょう。誰も、あなたに完璧を求めてはいないと思い出せば、少し気がラクになりませんか。うまくいかない日は、忘れて。いつでも明日は来ます。

週末のリズムを作りましょう

週末が来ると、楽しみとプレッシャーを同時に感じますよね。貴重なお休み、つい家族と過ごす完璧な時間にしたいと思いがちです。まさにSNSに写真を載せている家族のように!

ですが、同じくらい簡単に、がっかりする羽目になったりもします。やりたいことがあったのに、時間が全然足りなかった、子どもともゆっくり遊んであげられなかった、台所は汚いまま、1カ月続けてきたランニングにも行けないうちに日曜日が終わってしまった……と、一気に気持ちが沈んでしまうこともあるでしょう。

なんでも週末にまわすのはたしかにラクです。誕生日パーティーも、遊びの約束も、特別なお出かけも。でも日曜日の夜にはクタクタになっているかもしれません。何かをやるなら、代わりに何かをやめなければなりませんよ。

もし断る回数を増やしたら、代わりに何をしたいですか? もっと休みたい? もっと家族と過ごしたい?

週末をどう過ごしたいかは、家族によっても異なります。ときには、そのずれが目立つときもあります。貴重な週末をどう過ごしたいか、家族と話し合ったことはありますか？　全員が違うアイデアを持っていませんか？

週末のリズムを作るのもいいですね。自由時間をなるべく多くして、必要や希望に応じてどんどん変えていきましょう。

土曜日にパンケーキを食べたり、子どもが遊んでいる間ゆっくりと新聞を読んだり。時間はたっぷりありますから、親戚とビデオ通話をしてもいいですね。土曜日は、朝10時にはとにかく家を出る、なんていうのもありかもしれません。


大きく変化した2020年以降、週末もこれまでと違う意味を持つのかもしれません。子どもがまだ保育施設にも学校にも通っていなくて、誰も仕事にも行っていなかったら、平日も週末も同じに感じますよね。

今は小さな決まりごとのようなものを変えずに続けることで、ほかにどんなことが起きても、これは普通だ、と安心感を持てる、そういう時代なのです。

人生が大きく変わっても、リズムを大事にしましょう

人生には、とりわけつらく、先の見えない時期も訪れます。回復に1週間ほどかかる病気や、転職、転校、転園などで環境が変わってしばらく落ち着かない時期を過ごすというような、そんなに長くない場合もあります。

もっと長く不安定な状況が続くのは、たとえば赤ちゃんが生まれて、家の環境や気持ちが大きく変わったときや、大切な人が亡くなったり、家族が長く病気に苦しんだりして悲しみに沈んでいるとき、両親が家で仕事をするようになって（または会社で仕事ができなくなり、家族みんなが家で過ごすことになって）、いろいろ調整しなければならなくなったとき、離婚したとき、世界規模の病気が広がり、孤独になってしまったとき、洪水やハリケーンで被害を受けたとき、などです。変化は、誰にとってもつらいでしょう。

1日や1週間を通して、見通しが立ちやすいアンカーを置くと――食事のリズム、寝るときのリズム、朝一番のスキンシップ、土曜日のパンケーキ、日曜日の自転車など――家族みんなが穏やかな気持ちになり、人生のほかの部分が変わっても、安心感を持ち続けられます。

たとえ今、生活リズムが安定していて、平穏に暮らしていても、そのリズムを変えたり調整したりしなければならないときもあります。たとえば、子どもは、昼寝をします。就寝時間は季節によって変わるものです。真夏や真冬ともなれば、屋外ではそうそう過ごせません。

かつては効果を発揮したものも、もはやみんなにとって便利とはいえないでしょう。人生に変化が起きれば、以前のやり方はもう通用しません。

家族に安定したリズムがあっても、困難を避けられるわけではありません。家族で描いていた夢から遠のいてしまう時期もきっと訪れるでしょう。でも、リズムを持つことで、先を見通しやすくなり、落ち着いて変化に対応できます。世界が頼りなく揺れ動くなかでも、安心感を得られるのです。

第2章のまとめ

1 ▶ リズムはルーティンとは異なります。分単位できっちりと予定が決まっているわけではなく、アンカーや決まりごとを支えに、1日のなかに予測しやすい流れを作ります。

2 ▶ 安定したリズムを作るには時間がかかりますが、かつてないほど不安定な時代には、日々を安心して穏やかに過ごせる最高の方法です。

3 ▶ 食事や朝、寝るときなどに、先を見通しやすいアンカーを置いて、1日のリズムを作りましょう。ほかにも決まりごとを加えられます。食事のときにろうそくをつける、昼食後に家族で散歩をする、などなど。

4 ▶ 家で仕事をするときにも、リズムがとても重要です。電話やメールの合間に子どもと過ごす時間を作れると、みんなが幸せでいられます。あなた自身も、集中して仕事に取り組めたあとは肩の力を抜けます。

5 ▶ 目に見えるリズム表を作ると、子どもは1日の予定を見通しやすくなり、次にやることを覚えられます。

6 ▶ 世のなかや身のまわりに大きな変化が起こっても、安定したリズムがあれば先を見通しやすくなり、安心感を得られ、落ちついて対応することができます。

第3章

小さなおうちで使えるおもちゃと遊びのアイデア

モンテッソーリのアイデアを自宅に取り入れましょう

家は、家族にとって大切な場所です。家族の物語が進んでいく、どこよりも身近な舞台です。

赤ちゃんが初めてよちよち歩きをして拍手が起きたり、床に散らばったレゴを誰かが踏んでけんかになったり、家族みんなでくっつきあって寝たり、ママが夕食を作っているそばで、子どもが台所のテーブルに宿題を広げたり、初めてのつらい悲しみを味わって家族に抱きしめられたり……そこにはさまざまなシーンがあります。

ただの舞台装置というだけではありません。穏やかな雰囲気が生まれたり、争いが起きたり、内容豊かな遊びや学びを支えたり、「おもちゃがないよー」と叫ぶ場になったりと、家庭環境の持つ力ははかり知れません。

特に、家族が家で一緒に過ごす時間が増えた今、あなた自身のためのスペース作りもこれまで以上に大きな意味を持つようになっています。

「整えられた環境」とは、イタリアの著名な教育者マリア・モンテッソーリが大切にした考え方です。モンテッソーリは、子どもは自分から進んで学び、いろいろなことを試してみるのにもっとも適した環境で育つべきだと信じていました。「整えられた環境」とはつまり、子どもにとって配置がわかりやすく、子どもができるだけ自分で目標を達成できる教室や家などのことです。

そこには、6つの条件があります。①自由、②整理整頓、③美しさ、④自然のものや本物の道具、⑤社会性をはぐくむ環境、そして、⑥知的発達をうながす環境、です。

子どもにふさわしい家庭環境を作ろうと思ったとき、私はこのモンテッソーリの考え方を意識してきました。モンテッソーリ教育にくわしくないパパやママでも、参考にできるのではないかと思います。

「整えられた環境」は、誰でもどこでも作れます

子どもの学びや交流、遊びを充実させるために、お金をかけたり、手の込んだ道具を用意したりする必要はありません。むしろ、この章を読み終わる頃には、

新しいものを買う気はまるでなくなり、せっかくの素敵な環境を邪魔するものは捨てたいと思っているかもしれませんよ。

また、整えられた環境作りは、寝室が4つある大きな家でも、小さなアパートでも、どこでもできます。

もちろん、家族のニーズや習慣、持っているもの、生活スタイル、子どもの発達段階によって、各家庭で違いはあるでしょう。ですが、次のようにいくつか共通するポイントもあります。

「整えられた環境」に共通するもの

❊落ち着いていて、整理整頓されています。

少なくとも1日のうちのどこかでは！（子どもがいつも、率先して掃除をしてくれるわけではありませんから）

❊子どもが自分の力で遊んだり学んだりできるように設定されています。

❊おもちゃや道具は、少ないほどよいでしょう。

ミニマリストである必要はありませんが、シンプルな環境を作ると、ものがあふれず、見た目もごちゃごちゃしません。

※美しさにも気を配ります。
花や絵や、文化に根づいた飾りを活用します。

整えられた環境には、完璧さが求められるのではありません。部屋中におもちゃや道具が散らばり、床は泥のついた足跡だらけになる日もあるでしょう。でも、あなたがよく考えて、家族のニーズに合わせて心をこめて作った場所なら、子どもはそこで生きる術を学べるのです。

教室とは違う、居心地のよい環境を目指しましょう

幼い子どもの脳は、まるでスポンジのように、身の回りのあらゆるものを吸収します。しかも、一説によると、子どもは言葉や表情、音楽、ふるまいだけではなく、自分を取り巻く環境まで吸収するというのです。ですから、子どもは静かで落ち着いていて、心地よく、きれいな場所で過ごすほうがよい、というわけです。

これは、あながちバカにできない考え方だと思います。私たちが日常を過ごす場所は、私たちの感覚や生活の質に大きな影響を与えます。

モンテッソーリも言っていますが、「(子どもが) 見たものは、記憶に残るだけではありません。精神をかたち作る一部となるのです」から。

私たちが過ごす場所は、私たちの心に作用します。散らかった家に帰ると、たいていの人は気が重くなるでしょう。でも、清潔で、整理の行き届いた家なら心穏やかに落ち着いて過ごせるはずです。

あなたの理想の家を思い描いてみてください。子どもの理想の家も、そんなに変わらないと思いますよ。

子ども部屋と聞くと、カラフルで、おもちゃや道具がいっぱいの部屋を想像しがちですが、もしかしたら子どもにとっても、私たちにとっても、それではものが多すぎるか、刺激が多すぎるかもしれません。

教室のデザインが子どもの学習能力にどう影響するかを調べた研究 (バレットほか、2015年) によると、美しく整理された教室は、子どもが情報を得る能力にとてもよい効果をもたらすそうです。一方で、あまりにカラフルで、ものがたくさん置いてある教室だと、学習が妨げられ、子どもは気が散りやすく、集中しにくくなります。

かといって、まったく何もない教室でも、学習効果は下がるそうです。子どもたちが健全に、集中力を持って学習するには、自然の光と新鮮な空気と、子どもに合った設備と、自由に配置を変えられる柔軟な空間が欠かせないのです。

ですから、家を教室のようにしようとは思わないでください。むしろ、研究からもわかるように、家庭の雰囲気に近いほうがよいのです。

装飾にも気を配って作られた部屋（壁中に表やポスターを張ったりはしないでくださいね）と自然の光、新鮮な空気、柔軟さ、ほどよい日常らしさがあれば十分です。部屋の広さは関係ありません。

自宅学習に取り組むとき、何よりも大切にするべきは、家庭での環境作りだと言ってもいいでしょう。

第4章でくわしく説明しますが、ストレスがある状態では子どもはしっかりと学べません。自立して生きていく力を身につけられるよう、子どもが自信を持てて、リラックスできる空間を作ることがとても大事なのです。

気持ちよい空間を作るためのアイデア

ほかにも、次のようなところを気にかけてみてください。

① 大掃除をしましょう

窓を開けて、棚のほこりを払い、布団を干して、お風呂や台所の大掃除をして、塗装がはげてうす汚れた壁を明るい色のペンキで塗り替えてみましょう。

塗り替えについては、家がもしも賃貸なら、大家さんに相談が必要ですが、たとえ承諾を得ていても、退去する前には淡い色調で塗り直したほうがよいかもしれませんね。

掃除用品がそろっているかの確認も忘れないで。ごく一般的な洗剤、ぞうきん、ほうきやモップがあれば十分――完璧ではなく、適度に清潔を保てればよいのです。

掃除ぎらいのためのお掃除テクニック

インテリアやイベントのスタイリストとして活躍し、2人の子どもを育てる母でもあるハンナ・ブルヴァントが、掃除ぎらいの人のために、掃除のコツを教えてくれました。

●まずは散らかっているものを片付けましょう。

出しっぱなしになっているものをしまうだけで、掃除がぐんとしやすくなります。使わないものを捨て、書類を整理して（ただし、積み上げた手紙の束をただそろえたり、別の場所へ動かしたりするだけではダメですよ）、おもちゃや道具類を決まった場所に戻し、読み終えた雑誌をリサイクルに出しましょう。

●お気に入りの掃除グッズを使いましょう。

私もここ数年の間に、古い掃除用品をようやく買い替えたのですが、それが、今まで自分が掃除や家事にどのように向き合ってきたかを考え直すよいきっかけになりました。

毎日使うものがきれいなだけで、日常がちょっと楽しくなるんですよね。いつから落ちているのかわからない食べこぼしを片付けるのも、デザインが好みで使い勝手がいい小型のほうきやちりとりを使うと、ストレスが減りますよ。

●ポッドキャストや好きな音楽を聴きながら掃除しましょう。

それだけで、イライラの度合いが大きく変わるんです。ポッドキャストを使うと、掃除中でも新たな情報に出会えたりしますし、長時間の作業でも苦にならないはずです。

●香りを利用しましょう。

香りがよく化学物質の少ない製品を使うのもよいと思います。

私は、いろいろなものに自分が気に入る香りをつけています。そうすると、大量の洗濯ものと格闘するときでもちょっと気分がよくなります。

●人と一緒にやりましょう!

特に旦那さんや奥さんと一緒に掃除するのをおすすめします。家事は分担するものですし、好きな人とやったほうが心も浮き立ちますから!

子どもに手伝ってもらうのもいいですね。掃除がはかどり、楽しさも増します。「掃除のときの歌」を選ばせて、それをかけながら片付けるのも手です。

2

ちょっとしたものを足してみましょう

子どもの高さに合った机とイス（IKEAのセットは手ごろで本当に便利ですよ）、小さな花瓶、クレヨン一式、お絵描き用の紙をそろえましょう。

子どもの目の高さに合わせてポスターを張ったり、植物を置いたり、外で摘んだ季節の花を棚やかごに飾ったりするのもいいですね。壁には、描いた絵をつるせるひもを渡して。音楽を静かに流し、目にやさしい照明を使いましょう。小さな電球やろうそくを活用するのもよいかもしれません。

本を読むときのために、手ざわりのよいひざかけや毛布を用意しておきましょう。こういったものが、美しさと穏やかさをもたらし、子どもをリラックスさせ、落ち着かせてくれます。自宅学習に取り組んでいるかいないかは関係なく、学習もスムーズに進むようになります。

3

スペースの使い方を工夫しましょう

遊び部屋や家庭菜園や立派なキッチンセットがある大きな家に住んでいなくても、スペースの使い方はいくらでも工夫できます。ダイニングを自宅学習の場所にしたり、リビングを遊び場にしたりすればいいのです。

私の知り合いには、ソファや台所のテーブルで自宅学習に取り組む家族もいれば、家族の寝室は1つにして、もう1部屋を遊び部屋にした家族もいます。子ども用の机とイスを置く場所がなければ、部屋の一角に本とクッションを置き、子どもの目の高さにポスターを張って、読書コーナーを作ってもいいでしょう。

どんな広さの家に住んでいても、どんな間取りでも、子どもを楽しく遊ばせ、学ばせ、リラックスさせられるスペースは必ず作れます。

4

ものに置き場所を作りましょう

こわれたおもちゃを捨てて、着なくなった服をバザーなどに出して、部屋のすみのお絵描きの山を整理したら、すべてのものに置き場所を作りましょう。小さい子どもがいたり、時間が惜しかったりすると、面倒に思えるかもしれませんが、長い目で見ると時間とエネルギーの大きな節約になります。ものに置き場所が決まっていると、片付けが手早くすみ、気もラクです。

まずは、台所の棚や玄関の収納スペースなど、小さなところから始めてみましょう。きっと、今までより片付けやすくなったと思えるようになるはずです。

家は住むためのもの。見せるためのものではありません

ここではっきりとお伝えしたいのですが、どんなに心をこめて家庭環境を整えたとしても、家は汚れないわけではありません。子どもは散らかしますし、あなたもこれまでにない環境に置かれたら——出産や、寒さの厳しい冬、猛暑の夏など——家の状態が変わるときもあるでしょう。

むずかしいかもしれませんが、どうか自分を雑誌やソーシャルメディアの世界と比べないでください。

以前、夫が私に言いました。「インスタグラムだと、わが家は断然いい感じに見えるね」

そう、夫は正しいのです。ソーシャルメディアには、部屋のすみにたまったほこりや、洗濯ものの山や、冷蔵庫の奥に転がっていたかびの生えたトマトなんてめったに載せませんから。

ありがちな言い方になってしまいますが、自分を理想のイメージと比べるのは、他人が計算して作り上げたイメージに引きずられているのと同じです。大切なのは、私たちの家そのものです。私たちを心地よい気持ちにも、落ち着かない気持ちにもでき、創造力をはぐくむことも奪うこともできる場所です。

今まさに、整えられた環境やスペースの使い方について真剣に考えているからといって、それはおしゃれなソファを買おうとか、クリーム色のじゅうたんを買わなきゃとか、そういう意味ではありません。

うちのソファなんて、5年間も跳んだりはねたりされて、すっかりボロボロですが、私としては買い替えたくないですよ。だって、フリーダにソファで遊んでいいよって気兼ねなく言えますから。汚れたり傷ついたりするのがいやで、毎日娘に注意しなければならないと思ったら、あと数年は古い家具のまま、床も汚いままでいいと思っています。

あなたにとって最高の場所とは、必ずしもピンタレストで目立てる場所ではなく、あなたの家族のニーズを満たしてくれる家なんですよ。

環境を変えてみることを恐れないで

シンガポール出身の教師で、正規の教育とモンテッソーリ教育、そしてインテリアデザインを学んだジャスミン・チョンに話を聞きました。ジャスミンは自宅学習の専門家で、2児の母親でもあります。よく考えて作られた家庭環境について、こんなふうに話してくれました。

「人生のどんなときでも、それ自体が美しいんです。理想の家庭や人生のためではなく、今のあなたのための家を作ってください。

小さな子どもがいるなら、とんでもなく散らかった家も、リアルな家族生活の証と受け止め、うまく対応する方法を作ってください（わが家では、ものの置き場所がすべて決まっていて、そこに置けば部屋が片付くようにしています）。

ものが多かったり、明るい色が好みだとしても、あなたの家らしさや大切にしている個性を、無理に手放そうとしなくていいのです」

ジャスミンは、「3分間モンテッソーリ（Three Minute Montessori）」というブログも運営しています。

「旅行したりバザーに行ったりしたときは、思いがけない学びの機会となる宝物を見逃さないようにしてくださいね。子どもの記憶に残るのは、有名メーカーのおもちゃとは限りません。古ぼけたパズルや、ノミの市で見つけた陶器のティーポット、南アジアの市場で売られていた、木彫りの動物の置物かもしれません」

「あなたの家は、決して『完成』しないと知っておくことも大切です。家も、子どもの成長とともに成長し、進化します。たいていの道具や設備が決まっていて、いつでも変わらない学校の教室とは違います。

そして、子どもの活動が活発でなく、探求心や好奇心があまり働いていないときは、子どもではなく、環境を見直してみましょう。子どもはほんの小さな変化にも反応しますから、一輪挿しに花を飾ったり、机を片付けたりするだけで、身の回りへの興味があらためてわいてきたりするのです」

家族のニーズに応えたおうち作りをしましょう

家族の一員として、あなたは何を大切にしていますか。

家のなかを見回してみましょう。あなたの家族のニーズは満たされていますか。

そんなふうに家の環境について考える余裕なんてない、と思う人もいるでしょう。ですが、私のもとに相談に訪れた多くのパパ、ママは、その時間がいかに大きな意味を持つか実感しています。

ほんの少し部屋の配置を変えただけで、親子の関係がよくなり、お互いに落ち着いて向き合えるようになり、親子げんかや子どもの問題行動が減るのです。

「何してもいいよスペース」を作りましょう

いろいろ気を配りながら家庭環境を整えるなら、「何してもいいよスペース」を作ってみましょう。

子どもが絶対に安全で、自由でいられる場所——何をさわっても、何を試してもよくて、好きに動き回れて、自分だけのために使える場所です。そういうスペースがあると、みんながよりリラックスできます。子どもが大ケガをしないとわかっていれば親も安心できますし、子どももストレスが減ります。

要するに、安全なスペースを作ればいいのです。そのためには、次にご紹介するポイントを意識してみてください。

安全なスペース作りのアイデア

※子どもの目線に立って。

床に寝そべったり、よつんばいになったりして周囲を見てください。どんなふうに見えますか。

※収納棚にはカギをつけて。

重いものは、子どもの手が届く範囲に置かないように。コード類も片付けておきましょう。

※まずは1部屋、「安全な部屋」を作りましょう。

動き回るようになってきた赤ちゃんなどには、とてもよい遊び場所になるはず。〝まずは1部屋〟からといっても、家全体をできるだけ子どもにやさしい作りにすることは常に心がけてくださいね。

※子どもが全身運動をできる機会を意識して。
危なくない程度に、のぼれる場所などを作るといいですね。クッションを積み上げて山にする、イスや机を使って障害物のあるコースを作る、などでも十分です。

※子どもがさわると危ないものは、正しい使い方を教えましょう。
陶器や刃物などは、ただ隠したり「ダメ」と言ったりするより、きちんと扱い方を教えましょう。
また、「イスにのぼっちゃダメ」と頭ごなしに禁止するのではなく、安全なのぼり方を教えたり、あえて階段には安全用のゲートをつけなかったり、鉢植えの植物は子どもがさわれないところに置くよりも、どうやって水やりをして世話すればいいかを教えたりするのもよいでしょう。

この「何してもいいよスペース」は、いつもなら「やめなさい」と言わなければならないようなことを言わずにすむので、私はとても気に入っています。

こわれやすい装飾品がぶら下がっていなければ、「さわっちゃダメ」と言う必要もありません。飛び跳ねて遊んでいいソファがあるなら、子どもに小言を言わずにすみます。

子どもに「いいよ」と言ってあげられるスペースがあると、気楽で、落ち着けて楽しい家庭環境を作りやすくなるのです。

もちろん、こうしたスペースは家や家族の状況によって異なります。リスクに対するあなたの考え方や、子どもに割ける時間にもよりますよね。たとえば、子どもが1人なら階段にゲートをつけなくてもなんとかなるかもしれませんが、3人いたらゲートがあったほうが安心と考えるのは当然ですから。

子どもが自分のことを自分でできる環境を作りましょう

教室であれ、家であれ、整えられた環境の基本的な目標は、きめ細かく配慮した計画や配置によって、子どもの自立を支えるところにあります。家の広さや経済事情に関係なく、家庭にふさわしい環境作りは誰にでも取り組めますし、その効果にはきっと驚くと思います。子どもが自分で自分のことをする機会が増えたら、あなたの日常もどれほどラクになることでしょう。

家で子どもの自立をうながすためのヒントを、いくつかお伝えしますね。

子どもの自立をうながすアイデア

※赤ちゃんには、自由にハイハイしたり、身体を動かす練習をしたりしやすい場所を作ってあげましょう。

※小さい子のために、自分で立ち上がれるように低くて頑丈な家具を置いたり、手すりをつけたりしてみましょう。

※自分で洋服を選べるように、小さなたんすやドレッサーを用意しましょう。

※自分で身支度を整えたり、髪の毛をとかしたり、顔を洗ったりできるように、低い位置に鏡を設置してみましょう。

※高さを調整できる子どもイスや、低めのベッドなど、自分でのぼりおりできる家具を使いましょう。

※おもちゃや道具は、浅めのかごや低めの棚にしまい、本は、小型でとびらがついていない本棚に並べましょう。ほしいものを自分で取れますし、のちのち片付けをする練習にもなります。

※ちょっとしたおやつコーナーを作りましょう。開け閉めしやすい容器にク

ラッカーを入れたり、果物を置いたりするところから始めるとよいでしょう。

❊子どもが大きくなってきたら、はさみやナイフなど必要な道具を自由に使わせましょう。

❊流しにまだ手が届かない子のために、ウォーターサーバーを設置してみましょう。

❊流しやキッチンカウンターに踏み台を置き、自分で用事をすませたり料理したりできるようにしてあげましょう。

子どもが自分でやれるように道具の置き場所や環境を設定すると、家族のストレスやけんかが減ります。子どもはいつも大人に助けてもらう必要がなくなり、その場面にふさわしいふるまいを自主的にするようになり、家族の役に立つ存在だと感じられるのです。

わが家の場合は、娘に水やおやつを手渡さずにすむことが増えたうえに、掃除や夕食の準備を手伝ってもらえるという、うれしいおまけがつきましたよ。

創造力をはぐくめるスペースを作りましょう

創作、工作、ささやかなイベントあれこれ、机でやる仕事などのためのスペースを作ると――もちろん子どもが創造力を発揮すればするほど散らかるのは避けられませんが――どこに何が置いてあるか把握できる機会も生まれます（自分で片付ける習慣にもつながります）。

創作専用の部屋を作るとか、かごにいくつか材料を入れておいて、工作をするときにそれを机に持っていって作業するとか、スペースを作る方法はいろいろあります。壁かけタイプの調味料入れやラック、壁に取り付けるボードなどを利用して工作の材料を収納すれば、余計な場所を取らずにすみます（赤ちゃんがいる家なら、材料にさわられずにすみますね）。

「材料カート」を作って、すべてを1カ所にまとめて持ち運びしやすくしてもよいでしょう。低い机の天板を新聞紙で覆えば、即席の作業机のできあがりです。

ほかにも、アイデアをご紹介しますね。

創作用スペース作りのアイデア

❊工作の材料を用意しましょう。

色紙、カード、ノート、はさみ、色鉛筆、クレヨン、水性ペン、絵の具、フェルトペン、シール、蛍光ペン、油性のパステル、マスキングテープ、のり、穴あけパンチ、ホッチキス（年齢に応じて）、細書きペン、スタンプ、ステンシルなどがあるといいですね。

うちでは、休日や誕生日ごとに何年もかけてコレクションを増やしていきました。

子どもの年齢によっては、カメラやプリンター、グルーガンなどの使い方を教えてあげてもよいでしょう。

❊再利用しましょう。

立体作品を作るには、トイレットペーパーの芯やシリアルの紙箱などを、コラージュ用には古いカタログや雑誌などを工夫して再利用しましょう。

❊エプロンを用意しましょう。

マジックテープがついているタイプのエプロンは、子どもが自分で着脱できるので気に入っています。

❊敷物を活用しましょう。

床にマットを敷きましょう。簡単には掃除できない材質の床の場合は、特に必須です。マットがなければ古いじゅうたんなどでもいいですよ。

共用テーブルや居間のテーブルで作業するなら、新聞紙やオイルクロスを敷きましょう。


❊大きなロール紙やイーゼルを活用しましょう。

黒板もあれば便利です。家が賃貸の場合は、簡単に取り換えたり描き直したりできるとラクですよね。


❊子どもが望むなら、作品を飾れる場所を作りましょう。

天井にひもを渡したり、コルクボードや額縁を利用したりするとよいでしょう。


❊芸術や芸術家の本を並べましょう。

創作のヒントを得られるかもしれません。


❊水回りの近くにしましょう。

絵を描くときや手を洗うときのために、すぐに水を使える場所だとよいですね。

子どもが工作の道具を自由に使える環境を作るのは、少し勇気がいるかもしれません――部屋がどんなありさまになるやら、私にはあなたの悲鳴が聞こえてくるようです！

ですから、あまりに不安なら小さなところから始めましょう。まずはクレヨンと紙を渡すくらいから。

子どもはいつでも創作意欲を持っています。それもまた、世界を知るための冒険なんです。早いうちから正しい道具の使い方を教えておくと、子どもが大きくなったときにいちいち手を貸さずにすむので、長い目で見るとラクですよ。

身体を動かせるスペースを作りましょう

子どもにとっては、学びと運動に区別はありません。子どもは定期的に身体を動かす必要があり、身体を動かすのは社会的、学問的な学習体験を記憶に変換するために欠かせないのです（ムアレムほか、2018年）。

自由に身体を動かす遊びは、人生のあらゆる面での発達において非常に大切な役割を担っています。ですから、家で過ごさなければならない時間が増え、公園やプールやハイキングに行けなくなると、子どもが身体を十分に動かせる方法を見つけられなくて困ってしまうかもしれません。

でも、たとえスペースが限られていても、家で身体をたっぷり使える遊びもあります。

家で身体を動かすためのアイデア

※子どもが動けるスペースを確保しましょう。

家具を移動させて、子どもが存分に踊れる場所を作りましょう。また、ノートパソコンかテレビの前に場所を作り、映像を見ながら取り組めるヨガやダンス、スポーツをしましょう。

※障害物コースを作ってみましょう。

家具やクッション、ひっくり返したフライパン、木の板などを使って、家のなかにコースを作ってみましょう。

※遊具も取り入れてみましょう。

スペースがあれば、ドアの上にバーやつり輪を取り付けて、子どもたちがぶら下がれるようにしたり、室内用のブランコや小型のトランポリンやフリークライミング用の壁（床にマットを敷いて）を設置したりしてみましょう。
ソファを捨てて、うんていやほかの遊び方ができる器具がついた室内用のジャングルジムやすべり台を設置した家族もいます――といっても、あなたはあなたの家に合ったやり方を考えてくださいね。

❊お庭も活用しましょう。

外で遊べるスペースがあるなら、ジャングルジムやブランコ、すべり台、トランポリンを置いてみてはどうでしょうか。
太い木材を置いて、のぼったり渡ったりしてもいいですし、枝を使って隠れ家を作るのも楽しそうですね。

❊ときどきは気分転換も。

頭を使う活動をしていたら、1時間に1回は休憩時間を取って、近所を走ったり、ジャンピングジャックのようなジャンプ運動を20回ほどしたり、腕立て伏せをしたりしましょう。

休息の時間をきちんと取らせましょう

多くのパパ、ママが、子どもにどうやって身体を使わせるか、いろいろ考えていると思います。私のもとに相談に訪れるパパやママのなかにも、子どもについて「とにかくエネルギーがありあまっているんです」と話す人がたくさんいます。

そう、ここまでお話ししてきたとおり、子どもが毎日身体を動かさなければならないのは、たしかです。でも、エネルギーを使う時間とバランスを取るための休息の時間について、相談されることは少ないと感じます。

休息は大切です。調子が悪いときは身体を回復させ、脳が情報を処理したりまとめたりする時間を作るからです。

普段の生活に休息の時間を取り入れるのは、意識しないとなかなかむずかしいかもしれません。でも、子どもにとってもあなたにとってもくつろげる空間でゆったり過ごせれば、いつの間にかそれが休息につながっていることもあります。

たとえば、照明をやわらかくして、テレビやラジオを消し、静かな音楽を聴きながら、家族で寄り添って過ごす時間を作ってみてはどうでしょう。

また、あなたがくつろいでいる姿を見せれば、子どももそれを真似します。身体をラクにして本を読む姿や、毛布にくるまってヘッドホンを聴いたりする姿を見せたりしてみましょう。

現代社会はせわしなく過酷で、プレッシャーを感じるときもあるでしょう。「もっと！　より上手に！　より速く！」と急き立てられている気がしますよね。スケジュールが埋まっている人ほど、価値のある人間だと言われているようにも思えます。

現代の子どもも、そうしたプレッシャーと無縁ではいられません。学校以外の「自由」時間は、遊びの約束やスポーツクラブ、家庭教師との勉強などの予定でぎっしり詰まっています。そんな時代、どの家庭でも休息を優先するべきという考え方には、無理があるかもしれませんが、頭の片隅にとどめておいてほしいものです。

遊びの環境を整えてあげましょう

わが家に関して、私がもっとも自慢できるのは（たくさんの植物や本を狭い空間になんとか押し込めているのは別として)、娘の友だちがわが家を気に入ってくれていることです。

私のおもてなしスキルが高いからとか、すぐにケーキを焼くからとか、自画自賛していますが、実際のところは、わが家が子どもにとって遊びやすくできていて、家に入ったらすぐさま集中して遊べる環境になっているからです。

遊びは、幸せですこやかな子ども時代に欠かせません。

子どもにとって何よりも重要な遊びという活動——モンテッソーリ教育で言うところの、子ども時代の「お仕事」——によって、学習面、身体面、社会面、感情面の発達は大きくうながされます。

どんな年齢の子どもにも、自分の考えや興味を追い、知りたいことを知り、やりたいようにやる自由な時間が絶対に必要です。

しかし、2007年の米国小児科学会の研究によると、世界中の国々で、学齢期の子どもの1日あたりの遊ぶ時間が急激に減りつつあるのだそうです。学会は「親も子どもも、遊びの時間から多くの恩恵を受けるにもかかわらず、子どもが自由に遊べる時間は著しく減少している」としています。

その要因は、「慌ただしい生活スタイルや家族構造の変化、また休息と子ども主体の自由な遊びの時間の代わりに、学習や効率的作業を優先したことにある」と分析しています。あなたの家も同じようにならないでほしいと思います。

家で遊びの環境を整えるにあたっては、次の項目について考えてみてください。

遊びの環境作りのアイデア

❊あなたのそばに遊び場を作りましょう。

たいていの子どもは家族のそばで遊びたがります。ですから、あなたがよく台所や居間にいるのなら、子どもも台所や居間にいたいのです。


❊おもちゃスペースを作りましょう。

使いたいおもちゃをすぐに使える部屋があるといいですね。遊び部屋や寝室、あるいは居間や台所の片隅……場所はどこでもよいのですが、静かで、気が散るものが少なく、おもちゃを片付けやすい作りになっているとよいですね。


❊おもちゃはまとめましょう。

おもちゃは、見えやすいようにトレーにまとめるか、浅めのかごに入れましょう。ふたつきの容器やバッグや大きなバスケットよりも、低い棚やふたなしの収納ケースのほうが、使いたいものを見つけやすく、また片付けもしやすいので便利です。

年齢の異なる子どもがいる家庭では、ビーズ、レゴなど小さな子が誤飲するおそれのあるおもちゃは、ふたがしまる容器にしまいましょう。トレーを重ねたり、深めの容器に入れるのもよいでしょう。遊び終わったら、弟や妹の手が届かないところに置きます。

※テレビが中心にならないよう心がけましょう。

もちろん、テレビを観てはいけないとは思いません。現にうちの娘もほぼ毎日、私たち親が選んだ番組を観ていますから。ですが、観る時間を決めておくと、自分の遊びをより充実させるよい機会になるでしょう。

主な生活スペースの中心にテレビを置かないほうがいいですね。わが家を含め、テレビを置かずにノートパソコンを代わりに使う家族も多いですよ。観たあとはすぐに片付けられるからです。

※部屋を分けましょう。

部屋に余裕があれば、静かな遊びをする部屋（寝室など）と、散らかってうるさい遊びをする部屋（台所や居間など）を分けてみましょう。子どもたちがそれぞれの遊びを邪魔しないですむからです。

※朝の遊びの時間を作ってあげましょう。

特に小さい子がいる家では、朝の遊びの時間を作ってあげると、あなたがコーヒーを1杯飲む時間が確保できるかもしれません。

鉢植えの植物に恐竜のおもちゃを乗せたり、居間に電車のレールを敷いておいたり、ぬいぐるみのくまにピクニックをさせたりしてみましょう。

年齢が少し高い子も、工作や組み立てや発明などの遊びなら楽しめるでしょう。

私はときどき、ぬり絵を描いて居間の机に置いておきます。娘が色を塗っている間に、朝食の支度をするというわけです。

※庭やバルコニーを遊び場にしてみましょう。

庭やテラス、バルコニーがあるなら、安全で楽しい遊び場にしてみましょう。水や砂、泥で土遊びをしたり、花粉を運ぶ昆虫が好む植物を育てたり、果物や野菜を育てたりしてもいいですね（小さな植木鉢で育てても立派に育つものがたくさんありますよ）。

できれば、いつでも出て遊べるようにしてあげましょう。

おもちゃを〝ローテーション〟して遊びの質を上げましょう

おもちゃの数が少なくても遊びを充実させる、簡単で効果抜群の方法があります。子どもにおもちゃを選ばせてまずそれで遊ばせ、あきたらほかのおもちゃと交換させるローテーションです。私がアドバイスして、この方法がうまく効果を発揮した家族がたくさんいるんですよ。

たくさんおもちゃがあれば、たくさん遊べる、と思うでしょう。ですが、さまざまな研究から——そして多くのパパ、ママが実感しているはずですが——**おもちゃが多すぎると遊びの質が落ちることがわかっています。**

おもちゃがありすぎると、子どもは何で遊べばいいか決められなくなります。まさに「決断疲れ」ですね。私たちだって、レストランで長いメニューを目にしたり、どれも同じにしか見えないけれど少しずつ違うらしいジーンズがずらりと並んだ棚を見たりすると、圧倒されてしまいますよね。

何を探しているのか、あるいは自分が何を持っているのかわからないと、混乱します。子どもなら、おもちゃを次から次へと出して、床を散らかすだけでしょう。

たとえば、子どもに洗濯ばさみ1つか人形を1体だけ渡して、30分様子を見てみれば、遊びを深めるのにたくさんのおもちゃなんていらないと気づくはずです。よく考えて選んだ自由自在に遊べるものが少しと、あとは場所があれば、山積みのおもちゃよりもよほど豊かに遊べると私自身も実感しています。

ここで、おもちゃのローテーションの出番です。よく考えておもちゃや本を選別すると（使わないものは片付けます）、次のような変化が見られるでしょう。

おもちゃのローテーションの効果

- ※おもちゃの選択肢が減り、子どものストレスが減ります。
- ※より充実した、豊かで、想像力に富んだ遊びが生まれます。
- ※おもちゃがより新鮮で、画期的で、おもしろいものに感じられます。
- ※おもちゃや本を、「自分で選んで」「取り出して」「しまう」という行為によって、子どもの自主性が育ちます。
- ※家族にとっても、より静かで、清潔で、整理された環境が得られます。
- ※片付けの時間が短くなりますし、おもちゃを探す手間も減ります。

おもちゃのローテーションは、いつでも試す価値がありますが、家で過ごす時間がいつもより長いなら、絶対に必要だと言いたいことです。子どもがより遊びを充実させ、家が散らからなくなるだけでなく、あきたら別のおもちゃと交代させればいいだけですから、新しいおもちゃや本を買う必要もなくなります。お金の節約にもなって、一石二鳥ですよ！

ローテーションを成功させるための4つのステップ

おもちゃや本をうまくローテーションするには、子どものニーズを見極めたり、充実した遊び場を設ける必要もあります。次のような段階を踏んで取り組んでみましょう。

① 子どもを観察しましょう

おもちゃや本のローテーションを始める前に、数日間、子ども（と家のなか）をよく観察してみましょう。

・どこでいつも集中して遊んでいる？

・足の踏み場もないほど散らかるのはどこ？
・ほしいものが手元にないときはどうしている？
・いつも使うお気に入りのおもちゃはある？　あっても遊んでいないおもちゃはない？
・子どもは長い時間遊ぶか、すぐにあきたりイラ立ったりする？
・ほしいものは自分で取れる場所にある？
・使いたいものを取るとき、ほかのおもちゃや本をどかさなければならない？
・どのおもちゃにも、決まった置き場所がある？

②選別しましょう

子どもをよく観察したら、実際のローテーションにとりかかりましょう。まずは、ものを捨てるところから始めるとよいと思いますよ（つまり、ローテーションというよりも家のなかや、倉庫の片付けですね）。

こわれたもの、子どもにはもう小さすぎるもの、だぶってしまったもの、危ないものやけんかの原因になるものなどを処分しましょう。

子どもが積極的に遊べるか――物語を作ったり想像をふくらませたりできるか――、あるいは単にボタンやスイッチを押してライトを光らせたり音を鳴らしたりするだけか、という観点で考えることも大切です。

次は、出しておきたいおもちゃや本を選びます。赤ちゃんや幼児なら、おもちゃは少しあればいいでしょうし、幼児や小学生の子どもならある程度は種類があったほうがいいですね。

【おもちゃ】

どのおもちゃを残すかは、子どもや年齢やスペースによってまったく変わってきますから、具体的にはお伝えできませんが、いろいろな遊び方ができるおもちゃが何種類かあるとよいと思います。たとえば、ブロックやボール、シルクの布などですね。ほかにも想像力を使って遊べる、ぬいぐるみや車、電車、線路、人形などもおすすめです。

赤ちゃんには、ガラガラやおしゃぶりなど、感覚を刺激するものがよいのではないでしょうか。もっと大きな子には、顕微鏡や地球儀、科学の実験キット、それから友だちに手紙を書けるように文房具などを。

話し合って、出しておきたいおもちゃや道具を決めてもいいですね。

【本】

本も、同様に選別します。まったく好みでなかった本や、価値観が合わなかった本はありませんか？　子どもが長い物語を読めるのに、いまだに絵本ばかり選んでいませんか？

季節にまつわる本、フィクション、ノンフィクション、詩集など何種類かの本を残しておきましょう。

子どもの興味に合わせて選んだおもちゃと本を見て、共通点があるか考えるのもおもしろいですよ。もし海の生きものに関する本と、かごに入った海の動物のおもちゃセットがあったら、その子は海洋生物学者の素質があるかもしれません！

子どもが興味を示すものはなんでも出しておきたくなる気持ちはわかりますが、これはローテーションだということを思い出してください――捨てるわけではなく、次の機会に出せばいいだけですよ。

③ しまいましょう

これで、出しておきたいおもちゃと片付けたいおもちゃが分けられました。

次は、それぞれの置き場所です。

【出しておくもの】

私のおすすめは、オープンタイプの棚に、種類別にしたおもちゃをかごやトレーに載せるか、直接置いて収納する方法です。おもちゃによっては一つひとつをかごに入れ、大きなもの（電車セットややわらかい素材のおもちゃなど）は大きなかごに入れ、床に置きます。棚が置けないなら、床やドレッサーにかごを置けばいいですし、かごがなければサラダボウルや果物かご、プラスチック製の食品保存容器なんかでもかまいません。

本も、とびらがない本棚に並べることをおすすめします。飾り棚や調味料入れも使えそうですね。

なんでも、子どもが見やすく手に取りやすいのが一番です。赤ちゃんの場合は、とても低い棚や浅いかごを使うか、床に毛布やトレーを置いて、おもちゃを並べてもいいでしょう。子どもの年齢によっては、踏み台を使って出し入れしやすくできます。

【片付けるもの】

ガレージや食器棚や衣装ダンスがあると、ローテーション用のおもちゃや本をしまっておくのに便利です。屋根裏部屋だとちょっと入れ替えしづらいですが、かといって見えるように並べるのはやめましょう。スペースがなければ、スーツケースにしまうか、洗濯もの入れや大きなかごに入れて布をかけておけば十分。もしくは、棚の高い段に置くか、ベッドやソファの下に入れておきましょう。

セットになったおもちゃや季節の本はそれぞれまとめておくと、次のローテーションで出すときにラクですよ。

4

もう一度、観察しましょう

作業が終わったら、あらためて子どもを観察する時間を取りましょう。これがもっとも重要です。おもちゃが減って、子どもがどれを使うか、どれに（その時点で）興味をひかれていないかわかりやすくなったと思います。なくなったおもちゃはどこか、子どもに訊ねられるかもしれません。そうしたら、子どもの要求に応えて戻してあげればいいだけです。要するに、遊びやすい場所を作ればいいだけですから。

子どもの遊ぶ様子をよく観察しておくと、次におもちゃを入れ替えるときに役立ちます。どれをしまってどれを出すか、決めやすくなりますからね。

この4つのステップは、おもちゃや本だけでなく、工作の道具や教材、洋服までいろいろ応用が利いてとても便利です。

ローテーションを試してみると、子どもの遊び方がどれほど変わったかすぐにわかると思います。ですが、これは〝ローテーション〟だというのがポイントです。つまり、何度も繰り返す必要があるのです。

どのくらいの頻度で入れ替えればいいのかは、子どもの年齢や興味や発達によって異なります。

私は、しょっちゅう入れ替えをしていた時期がありました。娘のフリーダが突然大きな成長を見せたり、新しいものに興味を持ったりするので。逆に、長らくそのままのときもありました。特に不都合がなかったからです。ですから、期間や頻度は人それぞれなので気にしないでください。

ときには、子どもは片付けたおもちゃがほしいと言うこともありますが（そういうときは出しますよ。遊びたいおもちゃを出しておくのが目的ですから）、これまでの経験上、おもちゃのローテーションによって、遊び方が豊かに充実しなかった子はいません。自分が何を持っているか、どれだけ遊ぶ余地があるかわかると、子どもはたいてい喜んでおもちゃを「再発見」するのです。

親は、きれいな本やおもちゃがあるとつい全部並べたくなったり、どんなおもちゃも、全部まとめて大きなかごか箱に放り込んで片付けたりしがちです。もしあなたがローテーションを試したことがなければ、ぜひやってみてください。きっとうれしい驚きが待っていますよ。

シンプルさは心もすっきりさせます

せわしない現代の生活において、ミニマリズムが流行するのは不思議ではありません。周囲にはものがあふれていて、私たちの時間を、場所を、お金を奪い、ときに楽しみさえも奪ってしまいます。とはいえ、あなたの家をシンプルにしたいからといって、ミニマリストになる必要はありません。

シンプルさとは、真っ白な壁と空っぽの棚を指すわけではありません。家には、たくさんの本や鉢植え、工作の材料、何枚もの毛布、花を飾った水差しなどがあります。さまざまな色、本やポスター、お気に入りのもの——あなたはマキシマリストであってもいいのです！　それでもシンプルな生活は送れます。なんでもかんでも捨てろという意味ではないのです。

シンプルというと、物理的にシンプルにするか、片付けを思い浮かべがちです。ですが、シンプルにするための努力は、目に見える部分に関するものとは限りません。自分の予定やスペース、期待するものについて深く考えると、予想外の感情やジレンマに襲われたりもします。シンプル化とは、外側だけでなく、心のなかの取り組みでもあるのです。

子どもにありとあらゆる機会を与えようと思うのは、プレッシャーですよね。遊びの約束から幼児向けバレエ教室、最新の知育玩具まで、現代の子どもには、人生を豊かにするものが無限に用意されています。でも、ものや機会があふれているると、子どもは人生が豊かになるどころか、圧倒され、疲れ切ってしまうことがあります。

子どもだけではありません。私たちだって、時間に追われ、さらにストレスとプレッシャーを抱えてしまうでしょう。これでは、親自身にも子どもとの関係にも、よい影響があるはずがありません。

心当たりがある人もいるかもしれませんね。では、なぜ私たちはスケジュールを埋め、おもちゃ箱をいっぱいにし続けるのでしょうか。

ここで大きな意味を持つのが、自分や子どもが何か重要な機会を逃してしまうのではないかと恐れる心、「逃すことへの不安」（FOMO：Fear Of Missing Out）です。

子どもが成長したときに、「なぜ5歳から体操選手になる訓練をさせてくれなかったんだとなじられたら、どうしよう？」「中国語を習わせなかったせいで、ほかの子におくれをとったら、どうしよう？」……単刀直入に言うと、本心では必要ないと思っていても、断るのがこわいだけなのです。

片付けがもたらす効果

作家でミニマリスト、2人の学齢期の子どもを自宅学習で育てる母親でもあるベッサン・ヘンソンに、片付けがもたらす効果について話してもらいました。

「私がシンプルを愛するのは、家にあるものが家族にとって本当に大切なものだということを実感させてくれるからです。片付けって面倒で大変、と思うかもしれません。でも、『どれを捨てればいいんだろう？』、ではなくて、『どれを取っておきたいかな?』と考えると、とても楽しくなってきますよ。何が大切で、何をよく使っているだろうってね」

「ゆっくりできますように(Someday Slower)」というブログも運営しているベッサンは続けました。

「片付けを始めるまでは、息をするのも苦しい毎日でした。そこらじゅう足の踏み場もないほど散らかっていて、母親というのは片付けをし続けるだけの存在なんだと思っていたくらい。そこで、衣装入れを小型にして、使っていないおもちゃを捨てたんです。

子どもたちにとっても、決断疲れする環境だったんですね。おもちゃがあふれていたときは、すぐに床に放り投げては、もうあきちゃったって不満ばかり言っていました。でも、おもちゃを減らしたら、何時間も遊ぶようになったんです。びっくりしましたよ。

2人とも見違えるほど楽しそうになったし、私も一緒に過ごせる時間がぐんと増えました。『お子さんには必要ですよ』って言われていろいろ買ってきたけれど、ものが少なくても十分遊べるんですよね。自宅学習も、以前より集中して取り組んでいます」

「片付けをして、ものに埋もれていた別の人生を見つけた気分でした。自分で自分を見失っていたと気づき、ミニマリズムのおかげで本当の自分を取り戻せたと思っています」

子どもの人生をシンプルにしましょう

家をシンプルにすると、より心穏やかにリラックスできます。散らかった環境はよくありません。自分たちの価値観や好み、ニーズに合った家だと、快適に過ごせます。そして、ストレスがないと、子育ても穏やかに取り組めるのです。

掃除や買い物、片付けの時間が減れば、それだけ遊びや読み聞かせなどに時間をあてられます。つまり、家をシンプルにすると、時間が生まれるのです。

子どもにとっても、ストレスが減り、気持ちがラクになるでしょう。おもちゃは出し入れしやすいし、何で遊ぶか、何を読むか、選ぶものが多すぎて迷うこともありません。落ち着いた清潔な空間では、見た目もごちゃごちゃしていないので、遊びに集中できるのです。

子どもの人生をシンプルにすると、子どもはあなたとの絆がさらに深まり、ストレスが減ったように感じられるでしょう。「混乱した」行動も減り（キム・ジョン・ペインの『ミニマル子育て』（風濤社）でくわしく説明されています）、きょうだいの仲もよくなり、自立して充実した遊びができるはずです。

シンプル化は、過激な現代生活から決然と子どもを守る大切な一歩にもなります。家族の衝突も減り、掃除や片付けもラクになりますよ。

メリットを得られるのは子どもだけではありません。あなたも人生をシンプルにすると、家族との関係がより深まり、心が穏やかになり、我慢強くなり、自由な時間（子どもと遊んだり、好きなことをしたり、旦那さんや奥さんと過ごしたり）が増えます。自分の好きにお金を使えたり、エネルギーがわいたり、身体も心もより元気になったと感じられるでしょう。

繰り返しになりますが、子どもにとっては、ものは少ないほど本当にいいのです。でも、家族で一番のミニマリストでさえ、少しはおもちゃや道具がほしいと思うでしょうけどね。

長く大切に遊べるおもちゃを見つけましょう

子どもにおもちゃや道具を選ぶとき、どんなものが長く大切に遊んでもらえて、値段に見合うかどうか考えるヒントをお伝えしましょう。

おもちゃを選ぶ基準になるヒント

❊そのおもちゃは、子どもの今の興味や発達のニーズに合っていますか？

❊素材はなんですか？

プラスチックや合成物質ではなく、木やシルク、ウール、綿、金属など自然素材のほうが、子どもにはよいでしょう。もちろん、よくできたプラスチック製のおもちゃもたくさんありますから、やみくもに除外しなくてもよいですよ。

❊どうやって遊ぶものですか？

いろいろな遊び方ができそうですか？　想像力を発揮できそうですか？

子どもが自分の物語や感情をこめられそうですか？

❊あなたの価値観に合いますか？

木の剣、騎士や戦士は？　お化粧セットは？　何を選ぶかは自由ですが、そのおもちゃを買ってあげる意味はよく考えましょう。また、家族の価値観と合っているかも考慮しましょう。

❊中古で見つかりませんか？

子どもはそれほど気にしないでしょうし、地球にも、あなたのお財布にもやさしいはずです。

❊どのように作られていて、どのくらい丈夫ですか？

おさがりとして孫にあげられそうですか？　それとも、1年でこわれたりあきられたりしそうですか？

❊それは、ほかの人々や文化を傷つけませんか？

アメリカインディアンのテントや頭飾りのおもちゃを買うのは、彼らの神聖なものに対してどういう意味を持つでしょう？　その人形セットは多様性を表現していますか？

子どもの興味に合ったおもちゃを選びましょう

子どものおもちゃを選ぶときにもっとも大切なのは、その子の興味に合っているかどうかです。ソーシャルメディア上でみんなが持っているおもちゃだからとか、人気の学習教材だとかは関係ありません。あなたの子どもが興味を持たないなら、よい買い物とはいえません。

とはいえ、多くの家庭で好まれるおもちゃや道具もあります。娘やほかの家族を見てきたなかで、おすすめのものをいくつかご紹介しますね。

おすすめのおもちゃ

❊組み立てられるおもちゃ

積み木、マグネットタイル、デュプロ／レゴなど。

❊人形、ぬいぐるみ

子どもの興味に合わせて、乗り物や家具、農場セットなどがあってもよいでしょう。これらにはプラスチック製、木製、布製などがあります。どれがいいか迷ったら、プレイモービルから始めてみてはどうでしょう。

ちなみに私はシュライヒが好きです。リアルな動物のフィギュアで、遊びに入り込めます。中古でもよく手に入りますが、とても長持ちしますよ。

※造形用のおもちゃ

【粘土類】

小麦粘土、細工用粘土、乾燥すると固まる粘土、塑像用粘土、キネティックサンドなど。

【その他】

いろいろな種類のスティック類や、クッキーカッター、スパンコール、目のかたちをした小さなパーツ（動眼）、スタンプ、ローラーや、日常生活で手に入る小物（次を参照してください）。

私はキネティックサンドが好きですが、それは入れものに入っている限り、まず散らからないからです。

※年齢に応じた小物類

【自然のもの】

ブロックや小石、石、砂、貝殻、松ぼっくり、トチの実、どんぐり種、洗ったイチョウや梅などの実、小枝、木片など。

【家庭にあるもの】

はぎれ、シルクなどの布、ひも、靴ひも、レース、リボン、ビーズ（ガラスビーズやプラスチックビーズ、セラミックビーズなど）、ボタン、ビー玉、台所用品、食器、おたま、ボール、洗濯ばさみ、カーテンリング、ボトルキャップ、モール、コルク、アイスクリームのスティック、シナモンスティック、ナツメグ、ナッツ類など。

あげればきりがありませんが、これらは、子どもが誤って口に入れないよう気をつけて、遊んでいるときは必ずそばで見守っていてください。どれも、いじって遊んだり、組み立てたり、想像や物語の世界の小道具になったり、さまざまに活躍するでしょう。

※全身運動を助けるおもちゃ

スクーター、バランスバイク、ペダルつきの小型自転車、ボール、バランスボードなど。

外に遊べるスペースがあれば、トランポリンやブランコやすべり台もよいでしょう。

※想像力を働かせるおもちゃ、ごっこ遊び用のおもちゃ

洋服、古いシーツ、スカーフ、大判のシルク（洗濯ばさみを使って隠れ家を作ったり、身につけてドレスにしたり、物語の舞台に使ったり）、衣装（リサイクルショップなどで手に入れられるでしょう）、お医者さん／獣医さんセットなど。

※水遊び用のおもちゃ

プラスチックのたらい、フライパン、スプーン、布、プラスチックやブリキのカップなどは水遊びに最適です。

ほかにも、ハーブやドライフラワー、葉など自然のものや、ふるいやじょうごもいいですね。

※パズル

最初はつまみのついたパズルから始めて、だんだんむずかしいものにしていきましょう。

※ゲーム

あまりに種類が多いのですが、４、５歳ぐらいの子どもなら、ＵＮＯや「ヘビとはしご」「バードビンゴ」あたりは楽しめるのではないでしょうか。

さまざまな年齢や発達段階、興味に応じて、数えきれないほどの種類のゲームがあります。

❊簡単な楽器
ガラガラ、たいこ、笛（ただし注意を。子どもは楽しんでいても、そばで聴いているあなたはどう思うか……買う前によく考えて！）、木琴、鉄琴、簡単なドラムセットなど。

子どもの学習面で役に立つ教材を探しているなら、私が気に入っているものを第4章でご紹介するので参考にしてみてください。

でも、どんな子どもにとっても、遊びが最高の学びですよ。

子どもが自主的に遊べる環境を作りましょう

「どうすれば、子どもが自主的に遊ぶようになりますか？」というのは、これまで受けたなかでもっとも多い質問かもしれません。

気持ちはよくわかります。自主的に遊ばせて子どもの発達をうながしたいのももちろんですが、少しでもいいから1人で遊んでくれれば、パパやママも自分の仕事ができたり、本を読めたり、家事を片付けたり、コーヒーを1杯飲めたりするんですよね。

ここでは、私がこれまでいろいろ試すなかで考案した、子どもに少しだけ長く1人で遊んでもらうためのアイデアをご紹介します。

子どもに1人で遊んでもらうためのアイデア

❶ 一対一で遊ぶ時間を取りましょう

子どもはパパやママと一対一で遊ぶ時間を取ると、愛情を感じ、安心して上手に遊べるようになります。子どもに1人で遊んでいてほしいときは、その前に一緒に遊ぶ時間をたっぷり取りましょう。これが一番大切なやり方ではないかと思います。

私もフリーダと遊んでいて、実感しました。一緒に本を読んだり遊んだりしたあとは、フリーダは驚くほど長い時間1人で遊ぶのです。まるで、自分のなかのタンクを充電し、私がいなくてもしばらく遊べる準備を整えているようでした。

あなたが用事をすませるために、ほんの30分、子どもにどうしても1人で遊んでいてほしいとき、どんなにイライラするかはわかります。ですが、先に子どもとしっかり向き合って遊んであげると、きっとうまくいきます。第2章でお話しした「呼吸」のリズムのバランスを取るとよいでしょう。

② 自由に遊ぶ時間を生活リズムにしっかり取り入れましょう

赤ちゃんのうちから、生活リズムに自由に遊ぶ時間をしっかり取り入れておくと、遊ぶ習慣の土台ができます。

また、過度な期待をせず、子どもは一人ひとり異なることを忘れないでください。10分以上は1人で遊ばない赤ちゃんもいれば、45分も1人で寝返りを打とうと奮闘したり、おもちゃで遊んだりする赤ちゃんもいます。どの年齢の子どもにも、こうした違いはあります。

私はこれまで、2歳半で1時間も1人で遊ぶ子にも、6歳で10分以上1人で座っていられない子にも出会いました。1人で遊ぶのを自然に受け入れる子もいれば、なかなかむずかしくてパパやママが必要な子もいるのです。

パパやママが部屋から出て行っても、機嫌よく遊ぶ子とそうでない子がいます。どんな子どもも、それぞれ異なる欲求を持っていて、異なる遊び方をするものです。

自主的に遊ぶ習慣をつけさせるには、親がいつでも忍耐強く子どもに接するとよいでしょう。

❸ 子どもが遊んでいるときは、そばにいながら、用事をすませましょう

そばにいることで、子どもは安心し、パパやママと気持ちがつながっているのを実感します。仕事をしながらもあなたがずっとそばにいれば、遊ぶのをやめて追いかける必要もありませんから。

本を読んだり、編み物をしたり、その場でできる家事をしたり、心に浮かんだ考えを書き留めたり、服に空いた穴を繕ったり、洗濯ものを片付けたり、コーヒーを片手に座ったり——どれも子どもが遊ぶそばでできますね。

もちろん、仕事をしなければならないときは、なんと言われようとパソコンを開くのです（ただし、こういう生活リズムが染み込むまでは、子どもにとっては少し気が散るでしょうから、準備期間が必要です）。

❹ 想像力を刺激するおもちゃや道具を用意しましょう

私は自由な遊び方ができるおもちゃをいつもおすすめしています。子どもの想像力を刺激し、手に取って遊びたいと思わせるおもちゃです。シンプルなおもちゃが少しあれば、想像の余地がないおもちゃよりもずっと充実した遊び方

をするでしょう。

赤ちゃんには、モビールや、自然素材でできた握れるおもちゃ、自分を映せる鏡などがいいと思います。もう少し大きい子は、まだ想像力を生かした遊びはしませんが、宝物の入ったかごや、自分でふたを開け閉めできる口の広いビン、積み重ねカップや簡単なパズルなどをあげてみましょう。

日常生活で手に入れられる小物も、遊んだり組み立てたりいじったりと、いろいろ使えるので大好きです（もちろん、年齢に応じて与えてくださいね）。

ちなみに、フリーダが幼い頃、大のお気に入りだったのは、木片やトチの実や、私が自然史博物館で買った安い半貴石、小石などをいっぱい入れたかごでした。フリーダはいつもこれで遊んでいて、木片や石は毎日違う何かになっていました。今でも、フリーダはこの「宝のかご」を持ち歩いています。

がらくただって、たくさんのおもちゃより創造性をはぐくんでくれるのです。

❺ 子どもの遊びを尊重しましょう

遊びを大切にしてほしいなら、私たちが子どもの遊びを大切にしている姿を見せなければなりません。子どもが楽しそうに遊んでいるときは、中断させていいかよく考えましょう。

今すぐ食べないといけませんか？　あと10分待てませんか？　遊びが終わってからおむつを換えませんか？　本を読み終えるまで、寝かせるのを待てませんか？

フロー状態で夢中になっている子どもを邪魔するのは、その遊びには価値がないと言っているのと同じです。仕事に没頭している人がいたら、相手を尊重して「用があるけれど、区切りがつくまで待ってますね」と言うでしょう。同様に、子どもの遊びも尊重しましょう。

❻ 遊びはどうある「べき」かあらためて考えてみましょう

床に座って、静かに電車や人形を動かすのが遊びとは限りません。遊びはもっとうるさくて、積極的で、散らかるものです。家具によじのぼったり、踊ったり、かばんの中身をごていねいに全部出し、またしまうというのを5回繰り返したりするのも遊びです。

子どもが魔法の境地、フロー状態にある限り、それは遊びなのです。

❼ テレビタイムは時間を区切りましょう

個人的にも、仕事の経験からも、わかったことがあります。テレビを観る時間を制限すると、自主的な遊びが増えるという効果があるのです。

私は、テレビを禁止すべきとはまったく思いません——学んだり楽しんだりするのに最高のツールですし、疲れ切った忙しいパパやママにとっては頼れる味方ですよね。

ですが、テレビを観るなら生活リズムを守るよう心がけると、子どもはほかの時間に集中して遊べるのです。

ここまでご紹介した方法で、子どもが確実に何時間も1人で遊んでくれるとは限りません（どちらにしろ、遊んでいる間はあなたのそばにいたがるでしょうね）。

とはいえ、これらのヒントを活用して、子どもが自主的な遊びをより長く楽しむ時間が、1日の生活リズムに組み込まれていくといいなと思います——そして、あなたにコーヒータイムが訪れますように。

第３章のまとめ

1 ▶ 家の環境をシンプルにして、スペースを作ると、遊ぶ時間が増え、ストレスやけんかが減り、家族みんながより快適に暮らせるようになります。

2 ▶ 子どものニーズを考えましょう ── 家の広さは関係なく、どうすれば子どもの欲求に応えられるでしょうか？　家具をどかしたり、工作スペースを作ったり、自分でおもちゃを出し入れできるように踏み台を置いたりしてはどうですか？

3 ▶ 「何してもいいよスペース」を作ると、家族がよりリラックスできます。子どもが大ケガはしないとわかっていればあなたも気がラクですし、子どももストレスが減ります。

4 ▶ おもちゃは少ないほどよいでしょう。いろいろな遊び方ができるおもちゃや道具は、想像力と集中力をはぐくみ、用途が限られたおもちゃや、すぐにあきられてしまうブランドのおもちゃよりも長く楽しめます。

5 ▶ おもちゃのローテーションをすると、部屋が片付き、子どもの遊びは充実し、たくさんのおもちゃをほしがらなくなります。

6 ▶ 子どもに１人で遊んでほしいときは、まず一対一でたっぷり遊ぶ時間を取りましょう。１人で遊ぶのが苦手な子もいますが、一緒に過ごす環境を作ることで、自主的な遊びをうながすチャンスが生まれます。

第4章

子どもの自然な好奇心が動き出す自宅学習のアイデア

子どもは生まれついての勉強家です

子どもが効果的に学ぶためには、パパやママ、先生、それに自分の面倒を見てくれる人たちと強い信頼関係を結ばなければなりません。また、先を見通すことのできるリズムのなかで安心して、探求したり遊んだりできる環境にいる必要があります。

学校での教育がほどこされないとしても、子どもは基本的なことは家でもきちんと学べます。もともと長期的に自宅学習に取り組んでいたか、引っ越しや病気、予想外の出来事によって急きょ自宅学習をすることになったかは関係ありません。

さて、この章では、本当に効果的な自宅学習についてお話しします。想像していた方法とはまったく違っていて、驚くかもしれませんよ。

子どもは生まれたときから学んでいます。それをパパ、ママは、これまで実際に見てきたことと思います。誕生したその日から、子どもは自分を取り巻く世界にあるものを吸収し、耳にする音や目にするものの意味を学び、身体の動かし方を見つけていくのです。

アメリカの心理学研究者ピーター・グレイが、著書『遊びが学びに欠かせないわけ』（築地書館）でこんなふうに書いています。

「子どもは、学びたいと強く願いながら世界にやってきます……誰に教えられたわけでもないのに、たった4年ほどで、とてつもない量の情報と能力を吸収します。歩き、走り、ジャンプし、のぼる方法を覚えます。自分が生まれた文化の言葉を理解し、話せるようになります……これらすべては、生まれながらの本能と衝動、持って生まれた遊び心と好奇心に突き動かされておこなわれるのです」

子どもはいつでも学んでいます。私たちが知っている昔ながらの方法——読んだり、指示を聞いたり、問題集で計算問題を解いたり——だけでなく、遊んだり、いじったり、試したり、会話したり、人々の動作を観察したり、実際に体験したりしながら学んでいるのです。

子どもが学齢期になると、「学校で正規の教育を受けるものだ。だってそういうものだから」と思いがちですよね。ですが、一度も学校に行ったことのない子どもの家庭を見てみると、そこにはダイナミックでワクワクするような学びと、専門的な研究の機会があふれているのです。

知識は知識を引き寄せます

家だろうと学校だろうと、先生の指示だろうと自分の発見だろうと、子どもは毎日新しいことを学びます。ですが、子どもが自分で学ぶ力を持っているからといって、パパやママが関わらなくていいわけではありません。

子どもの学習を豊かにするには、彼らを取り巻く世界についての知識を子どもに蓄えさせ、事実と経験とをつなぐきっかけを与えるのがもっともよい方法だといえるでしょう。

知識があると、私たちは世界の意味を理解できます。知れば知るほど、さらなる知識を得て理解が深まります。

大人になって新しい知識を得ると――たとえば新しい政治家や歴史的出来事、作家など――まず、その出来事や人に関する情報をかき集めます。もちろん、情報は最初からあったのですが、気に留めてこなかっただけです。

ですが、一度基本的な情報を手に入れると、私たちの理解は深まり、全体像を描けるようになります。知れば知るほど、情報と情報を結びつけて世界をより理解するのです。それは子どもも同じです。

自宅学習は、子どもが世界に関する知識を積み重ねる貴重な機会を与えてくれます。その知識は、さらなる学びの足がかりとなります。学校のカリキュラム（特に低学年のうちは、読み書き、算数に重点が置かれます）という制約から解放され、神話や寓話、芸術、科学、歴史、地理、園芸、自然世界など、興味をそそられるあらゆる分野の、広く豊かな知識の海へ飛び込めるのです。

こうしたたくさんの知識は、それ自体ももちろん価値がありますが、読解力をみがく助けにもなります。読んでいるものの文脈を理解しながら読む機会が増えるので、読む能力そのものも育つのです。

教育ジャーナリストのナタリー・ウェクスラーは、著書『知識ギャップ（未訳）』でこう問いかけました。

「読解力を高める最高の方法が、読解力自体に焦点をあてた勉強ではなく、これまでは後回しにしていた歴史や科学を、子どもたちに一刻も早く教えることだとわかったら、どう思いますか」

自宅学習では、世界に関する知識を積み重ねて、子どもの学習を簡単に深められます。知識を積み重ねるには、こんな方法がうってつけです。

- 実際に目に見えるかたちで体験させ、直接学ばせましょう。
クモが糸を張る様子や、氷がとける様子を観察する、などです。
- さまざまなジャンルの本を幅広く、テーマを追求して読ませましょう。
理解を深め、直接知識を得られるだけでなく（「なぜ氷はとけるのか？」）、今は体験できない世界を知る機会にもつながります（「古代ギリシャ人って、どんな人？」）。

ドキュメンタリー番組を観たり、直接体験できる研究計画を立てたり、くわしい大人に訊いたり――あなたのことですよ――することでも、知識は深まります。

こうして積み重ねられた結果が、しっかりとした知識の基礎となります。そして、それを土台に、さらに知識が積み重なっていくのです。

子どもは生まれついての科学者です

子どもは生まれついての科学者でもあります。

赤ちゃんがベビーチェアからパンを落として、どうなるだろうと眺める行動から、子どもがジュースをストローで吹いて泡立てる行為まで、すべてが世界に好奇心を持つよう最初からプログラムされているのです。

子どもが家で過ごす時間が増えると、その自然に備わった感覚を刺激できる機会がたくさんあると気づくでしょう。

学齢期の子ども向けの科学雑誌『ザ・ウィーク・ジュニア：サイエンス・アンド・ネイチャー（The Week Junior：Science and Nature）』の編集者であるダン・グリーンに話を聞いてみました。

「子どもにはとても早い段階から『科学者としての子ども』の時期が訪れるんです。たとえばうちの赤ん坊だと、手渡したものをみんな落としては、どうなるか見てるんですよ。それから次には、ベビーチェアの上でなんでもかんでもひっくり返し始めました。

親としては『勘弁してくれよ』とも思いますが、そうやって世界を知る新しい方法を見つける姿を見ているのは、本当におもしろいものですよ。

もしも、子どもが探求心と好奇心を持ち続けて、この世界の仕組みを知るために疑問を持ち続けられるようにサポートできたら、子どもはきっとそうなります」

「なぜ」と訊ける場所を用意しましょう

これまで子ども向けの科学書を何冊も執筆し、3人の子どもを持つ父親でもあるダンは、さらに続けました。

「子どものなかには、生まれつき好奇心が備わっていますから、親が何かする必要はないんです。ただ見守って、子どもが考えつかなかった別の方法を提案してあげればいいだけです。私は最近、5歳の息子と一緒に空き缶で動物用の小さな罠をこしらえて、庭に埋めたんです。獲物がかかったら、缶のなかに小さなしるしをつけてね。

息子は毎日うれしそうに記録をつけていますよ。獲物を捕まえる以上に、その仕組みを楽しんでいるんですね——私が思っていたよりもずっと。子どもに好奇心を広げるための別のやり方を教えたとしても、子どもは親の想像よりずっと先へ行けるんだなあと思いましたよ」

「もっと学びを発展させてあげたければ、自然の探求心に知識を上乗せしてもいいんです。あなたも、イモムシやクモを見ていたら、それぞれのからだの部位の名前や機能を学びますよね。子どももとても興味を持つはずです。ごく自然な反応として、『このくねくねしたやつは何？　何をしてるんだろう？』って思うでしょうから。

あるいは、ボール紙でボートを作るとしますね——それ自体は工作であって、科学とは違いますが。そのボートが水に浮くか、試してもいいですよね。さらにほかの素材でも作ってみれば、なぜものが浮いたり沈んだりするのか、という話につながるでしょう。

いつでも『なぜ』をうながしてみてください」

つまり、世界にまつわる子どもの好奇心を満たすために、科学の実験をする必要はないのです。子どもの疑問に寄り添い、パパやママもなんでも答えを知っているわけではないんだよと伝え、一緒に学んだり発見したりする方法を探せば、十分なんですね。

子どもはあらゆることに興味津々ですが、学校では疑問をぶつけたり、答えを追求できたりする時間がいつもあるとは限りません。何度でも「なぜ」と訊ける場所を用意するのは、親が子どもにあげられる最高のプレゼントなのです。

学校は子どもにストレスを与える場所？

大人と同じように、子どももストレスを感じていると学習の効果が上がりません。**ストレスに長くさらされていると、脳内で長期記憶をつかさどる部分がダメージを受けることが知られていますが、短期間のストレスでも同様の影響が出るとわかったのです。**

カリフォルニア大学の研究者たちによると、「ほんの数時間ストレスを受けただけで、学習と記憶に関わる部分の脳周辺で細胞間のコミュニケーションが阻害される場合がある」のだそうです。

しかし、児童福祉団体バーナード・ホームが2018年におこなった調査では、子どもが一番ストレスを感じる場所は学校だという結果が出ました。

私も全国の先生たちと話したときに、6～7歳の子どもが不安やパニック症状、自己肯定感の低下などに苦しんでいる、という話をたくさん聞きました。精神的な不安を訴える子どもは、年々増える一方だ、とも。

同じく2018年に、オーストラリア教育研究評議会(ACER)とメルボルン大学がおこなった調査でも、学校に通う子どもの精神衛生状態は、15年前と比べて大きく悪化し、幸福度も低下し、オーストラリアの生徒のおよそ半数が、「強いストレスを感じている」と答えたという結果が出ています。こうしたストレスが、学びの環境にふさわしいはずはありません。

「おうち」を最後の避難場所にしましょう

ジョン・ホルトは、著作である『いつだって学んでいる(未訳)』のなかで、子どもが読み方を学ぶ前にどれほど安心感を必要とするかを説明しています。

「あなたが5歳の天才児だろうと、12歳で重度の読み書きの問題を抱えていようと、新しいものを読むのは恐ろしい冒険だ。もしも間違えたら、自分にがっかりするか、恥ずかしくなるか、怒りがわくか、嫌気が差すかもしれない。ほかの生徒が間違いを指摘してきたり、言い直させたり、自分をあざ笑ったりするようなクラスで、先生も(わざとか、うっかりかはわからないが)同調したり、悪ふざけをそそのかしたりするなら、子どもにとって教室は最悪の場所となる」

最高の学びの場が、家であるのは間違いありません。家は、子どもが一番リラックスできて、安心できて、くつろげる場所でしょう。ストレスから解放されれば、情報はたやすく脳に保存されます。

ところが、わかっていても、親は子どもに余計なストレスを与えがちです。子どもには「たゆまずに頑張ってもらいたい」と思っているからです。どんなパパやママも、子どもが実体のない「普通」の枠から外れないか不安を抱いています。

でも、忘れてはいけません。もし、子どもが学校でストレスを抱えていたら、リラックスできるのは家だけです。ストレスで苦しんでいるうえに、家でも勉強を強要されたら、どこにも逃げ場所がなくなってしまいます。あなたを不当に扱う先生と一緒に暮らすと想像してみてください。誰もそんな体験を子どもにさせたくないですよね。

ですから、第1章で、自宅学習を成功させるには、親子で信頼し合える関係を築けているかがカギになるとお話ししたのです。もし親子関係がよくなければ、家も安全な避難所ではなくなってしまうでしょう。

では、自宅学習をするにあたって、学習にからむストレスを減らすにはどうすればよいのでしょう。基本となる考え方をお伝えします。

子どもにストレスを与えない自宅学習のアイデア

❶ 子どもに無理をさせないように

どんな計算や書き取りの問題集にも、親子関係を悪化させてまでするほどの価値はありません。覚えていますか、あなたと子どもはチームです。つらい時期こそ、子どもを支えるのが親の役目です。

❷ 親子のつながりを深める時間を、生活に取り入れましょう

第2章で見てきたように、生活にリズムを作ると、家族とのつながりを深める時間が生まれます。食事の時間や、読み聞かせの時間、学びや遊びに集中する時間などが十分取れるでしょう。

❸ 子どもはいつだって自然に学んでいます

もしあなたがプレッシャーを感じているなら、1日使って、子どもがどうやって自然に学んでいるか観察し、メモを取ってみてください。

子どもが電車の線路を組み立てているなら、エンジニアの技術をみがいているのです。きょうだいでおやつを分けていたら、割り算の計算中。マンガを読

んでいる？　それも読書ですよ！　どうやってイモムシからチョウになるか話していいる？　自然科学の勉強ですね。詩らしきものを書いているなら、読み書きの練習中です。

こんな調子ですから、多分午前のうちにはメモするのが追いつかなくなっていますよ！

❹ 目覚まし時計がいらないことが素晴らしい

自宅学習の何がいいって、目覚まし時計が必要ないことですよね。研究によると、平均的な学校生活では子どもの睡眠欲求に応えられず、必要な睡眠時間も確保できていないそうです。疲れた子は不機嫌になり、そのせいでパパやママも不機嫌になり、結果的にストレスが大きくなってしまいます。

❺ 1コマは10〜15分あれば十分です

学校の授業時間は、1コマがおよそ1時間ですよね。でも自宅学習の場合、勉強する環境を整える時間や、部屋を片付ける時間、トイレ休憩、きょうだいからの質問に答える時間、手助けをする時間などを差し引いたら、勉強時間はほんのわずかになってしまいます。

30人の生徒を相手にするわけではなく、自分の子ども1人に集中すればいいのですから、1コマは10〜15分あれば十分です。子どもは疲れすぎず、集中を切らさずに勉強でき、合間の時間に身体を動かしたり、遊んだり、休憩したりできます。もっと長く集中できる年齢の子なら、長時間かけて直接あなたから「教えてもらう」必要はないでしょう。

シャーロット・メイソンという、20世紀の初めに活躍した、イギリスの教育者の草分けと言われる女性がいるのですが、今でも自宅学習をおこなう家族に影響を与えています。

メイソンは、9〜12歳の子どもの正式な勉強時間は、午前9〜12時のみにすべきだと言っているんですよ（それだけあれば、音楽や美術の勉強、フランス語、ラテン語、ドイツ語、自然学習に加え、英語、算数、地理、科学、歴史を学ぶには十分だと述べています）。

❻ 遊びの時間も盛り込みましょう

数日間（もしかしたら数週間か、数カ月かもしれませんが）は、自宅学習から離れて、本や映画や美術、おやつ、音楽、自由な遊びを楽しみましょう。子どもはこうした時間からも、たくさん学ぶはずです！

あなたもちょっと肩の力を抜いて、子どもと学習上の目標達成を目指すプレッシャーからいったん解放されましょう。

長い期間にわたるにしろ、必要に迫られて数週間を乗り切るにしろ、自宅学習を取り入れると、親子の絆を深め、学校や現代の生活のストレスからリセットされる機会が生まれます。

1日の学習計画を綿密に立て、目標を達成しようと考えたくなる気持ちはわかりますが、子どもが効果的に学習を進めるために、あなたにできる一番大切なサポートは、プレッシャーをなくしてあげることです。

とにかく、子どもには楽しく学んでもらいたいですよね。そのためには、ストレスがない環境を目指しましょう。

「おうち」のなかに教室を作ろうとしてはいけません

自宅学習には、素晴らしい成果を生む可能性がありますが——私がこの方法を選び、効果を実感しているのもありますが——ここで正直なことをお話ししておきましょう。

多くのパパ、ママが自宅学習を選んだのは、ただラクだからではありません。最初から自宅学習で子どもを育てようと考えていた人でも、大変な時期もあればつまずく日もあります。

それでも、子どものために前向きな気持ちで自宅学習を選んだ人なら、仕事や経済的事情、場所の確保など、ある程度はあらかじめ調整できているはずです。

ですが、もし病気や、学校が休校になるような緊急事態など、急な事情で自宅学習をする立場になった場合は、前もって準備するのはむずかしいでしょう。

たしかに苦労は多いと思いますが、子どもに意味のある時期を過ごしてもらうために、できるだけ時間を大切にする方法はあります。

日々の生活にある学びの機会を生かしましょう

繰り返しますが、自宅学習とは、単に家を学校に置き換えることではありません——そうする人がいたとしても、あなたには関係ありませんよ。子どももあなたと同じで、大変な状況に置かれたと思っているはず。先生からも、学校や保育施設からも、友だちからも引き離されて、突然生活リズムが崩れてしまったのですから。

家のなかに教室を作ろうと考えてはいけません。今、子どもに必要なのは、時間割や決まったカリキュラムではないのです。なんの心構えも用意もなかったわけですから、誰もあなたに学校と同等の教育をすることを求めてはいません。

視点を変えて、日々の生活にあふれている自然な学びの機会を積極的に生かしましょう。子どもが興味のあることを追求したり、遊んだり、普段やっている取り組みを充実させたり、生活に必要なスキルを習得したり、読書をしたりする時間や場所を設けましょう。

ただ学校を再現するのではなく、こうした活動に集中するのも、教室での学びを補うとてもよい方法だと思うのです。

偉大な数学者や科学者について描かれた絵本を読んだり、古代文明の謎を追うドキュメンタリー番組を観たり、おたまじゃくしを探しに出かけたり、詩を書いたり、有名な芸術家について調べたり、ゲームをしたり、神話や伝説の本を読んだりしてみてください。

子どもには特別な贈りものが与えられたのだと考えてみてはどうでしょう。ものごとを深く追求する時間をもらって、学校が再開する頃には、より幅広い知識を得ているはずです。

「おうち」だからこそできるやり方もあります

この本を書くにあたり、たくさんのパパ、ママから話を聞きました。彼らの多くが、子どもの通う学校が急に休校になり、学校から大量の課題と教材を送られてきて途方に暮れている様子でした。

あなたも同じ状況なら、どんなに大変な思いをしているだろうと心配になります。だって、本来学校で教わるはずだった勉強を、先生が持っているようなノウハウや指導のためのガイドラインもないのに、そっくりそのまま家でやれと言われているのですから。

経験したパパやママもいると思いますが、親が先生のようにわが子に「教え」ようとすると、しばしば子どもから反抗されるのです。これでは、みんなストレスを抱えるだけです。

学校が課題を送ってくるのは、子どもに学習を続けさせる責任を感じているからでしょう。まずは学校の先生と話して、課題の目的を確認してみましょう。

もし、パパやママも子どもも、その課題がストレスの種となり、親子関係にまでひびが入りそうだったら、家庭内の雰囲気を悪化させてまで、子どもに課題をやらせたくはないと伝えてみましょう。たいていの学校は、わかってくれると思います。

こちらの意見を受け入れてもらえない場合は、子どもと妥協案を作りましょう。やらなければならない課題のなかから、1日1つずつこなして、あとは子どもが好きな活動をさせてもよいでしょう。

もし課題に取り組ませるせいで親子関係が悪くなりそうだったり、ストレスが増えそうだったりしたら、私が言えるのは、そんな課題に価値はないということだけです。

子どもはあなたと強い信頼関係を結び、幸せで安心できる場所にいられれば、かつての日常が戻ってきたときに、よりよい状態でいられるでしょう。

もちろん、学校とのつながりや、いつもどおりの日々という感覚を重視して、学校からの課題をやりたいという子どももいると思います。でも、だからといって、昔ながらのやり方をする必要もありません。

算数の問題に苦戦していたら、自信をつけられるよう1日1問ずつ進めてみてください。反対に、算数が大の得意という子なら、あえてむずかしい問題だけ与えて、一緒に相談しながら知識を広げさせたり、オンラインの教材を利用したりしてみるのもよいかもしれません。

数年以内に大きな試験を控えていたり、特定のカリキュラムや課題に取り組んでいた子どもがいるなら、やるかやらないかは好きにしていいよ、とはいえませんよね。

そういった場合は、どうやってこれから続けていきたいか一緒に計画を立て、目標を達成するためには、あなたに何をしてほしいか訊いてみてください。

大きな区切りごとに期限を設け、その期限になるまでは、進み具合をしつこく確認するのはやめましょう。

「おうち」はどんな教室にも負けない学びの場です

自宅学習をするには、子どもが気持ちよく絵を描いたり、書きものをしたり、課題を進めたりする場所が必要になると思います。それは、必ずしも机でなくてかまいません。

「学びの場」は、台所、ソファ、コーヒーテーブル、庭、床、ベッドなど、そのときの活動によって変わってよいのです。学びのチャンスは、あらゆる場所にありますから。

第3章で見てきたとおり、家庭環境を幅広くとらえると、子どもを自然に学びへと導けます。

そこには、本と、紙やペンや工作の材料はありますか？　机や床に、思う存分作品を作れるスペースはありますか？　興味のあるオンライン講座を受けたり、友だちと話したりできるデジタル端末はありますか？　台所に1人で立っていいことになっていますか？

ティーンエイジャーがいるなら、できれば弟や妹の声で邪魔されないところに、落ち着いて集中できる場所を作ってあげられるといいですね。

ランプや、豆電球が連なったコードタイプの電飾を設置して、雑音消去機能のついたヘッドフォンを渡し、手の届くところにいつもの飲みものやおやつを置いておくのです。

毛布や温かい飲みもの、工作の材料、自由に過ごせる部屋など、家庭をより居心地よくするものは、学び、探求するのにふさわしい、快適で魅力的な環境を作る役にも立ちます。あなたの家は、文字通り「家」だからこそ、どんな教室にも負けない学びの場になるのです。

自宅学習に「あると便利なものリスト」

次にご紹介するのは、わが家の自宅学習の「必須アイテム」です。といっても、あなたの子どもが自宅学習をしているのではなく、普通に学校に通っていたとしても、自由な時間によく使うものばかりですから、きっとあなたの家にもあると思います。

当然ながら、子どもによって興味の対象は異なりますが、あくまで基本的な、ないとうちでは困るものをあげてみます。

●さまざまなジャンルの本。
フィクションやノンフィクション、参考図書、詩集、伝記、身の回りの植物や動物について調べられる図鑑などです。もしも図書館に行ったり本を買ったりできない状況だったら、友だちと貸し借りしてみてはどうでしょう。また、外国語の本があってもいいかもしれませんね。

●第3章で紹介したような、使いやすい工作の材料。

●地球儀、壁に張る大きな地図や地図帳。

●基本的な科学グッズ：双眼鏡、虫眼鏡、プリズム（ガラスでできた三角柱など）、磁石セット、虫かごなど。
また、種、たい肥、植物の観察をするための小さな植木鉢、手ごろな値段の科学実験キットをいくつか（雨の日に、予定を立てる気力がわかないときに便利ですよ）。スペースと予算に余裕があるなら、顕微鏡があってもいいと思います。

●算数の道具：「ヘビとはしご」やUNOなどのゲーム、メジャー、じょうぎ、ストップウォッチ（スマートフォンに入っているでしょう）など。

あとは数を数える練習をする小石や枝。はかりなどもあるとよいでしょう。

- **冒険セット：リュックサックに、懐中電灯、水筒、ノート、安物のカメラ、標本を入れるふたつきの容器を入れて。**

子どもの年齢によっては安全なナイフがあってもいいでしょう。

- **ドキュメンタリー番組や映画や教育プログラムを観るための機器。**
- **音楽を流せるもの：ブルートゥース・スピーカーなど。**
- **プリンター。**

活動の内容によってはあると便利です。

あらゆる年齢の子におすすめの学びと遊び

子どもに、ワクワクドキドキするような自然な学びの機会でいっぱいの子ども時代を過ごしてもらえたらいいですよね。ただ、あなた自身にそういった子ども時代を過ごした経験がない場合、具体的な例がないと何をすればいいのかわからず、実践しづらいかもしれません。

ここでご紹介するのは、小さな子からティーンエイジャーまでもが楽しめて、きょうだいがいる家にもぴったりのアイデアです。

年齢によって違いはあります。たとえば、下の子に絵本を読んであげて、上の子にもそれと関連した本を読んであげたいと思うかもしれませんね（赤ちゃんに『はらぺこあおむし』を読んであげて、上の子にはチョウの生態について書かれた本を読んであげる、など）。あるいは、11歳の子の工作につきあいながら、下の子を見ていられるスペースを作れたらいいですよね。

そのための方法を、いくつかご紹介しましょう。今週または今月、子どもたちがやりたいことをすべて書き出して、冷蔵庫など、見えるところに張っておくといいですね。

あらゆる年齢の子が楽しめる学びと遊びのアイデア

❶ 読んで、読んで、読みまくりましょう

もしも3カ月間、さまざまな本を読み聞かせて——小説、絵本、詩集、伝記、

マンガなどなど——あとは好きに遊ばせたとしても、子どもはすこやかに日々を過ごすでしょう。

数々の研究からも、読み聞かせはどんな年齢の子どもにもよい影響を与えると証明されていますし、そこには何歳になっても親子の関係を深める力があります。

自宅学習で4人の子どもを育てる母親でもある、言語聴覚士のロニ・オズポラットは、こんな助言をくれました。

「読書にはよい効果がたくさんあります。何について知りたいかお子さんに訊いてみて、学びにつなげる手助けをしてください。まずは興味をひく本を見つけましょう。アイデアが豊富で、テーマを身近に感じられるような本です。問題集を解くのはいったん忘れて、優れた本を読むなかで浮かんでくる考えや発想について、親子で話し合いましょう」

② オーディオブックやポッドキャストを聴きましょう

どうしても仕事をしなければならないとき、家回りの用事をすませたいときに、こうしたアイテムはとても便利でしょう。オーディオブックには、古典も現代作品もありますし、ポッドキャストには子ども向けもあります。

❸自由に遊ばせましょう

いくつもの研究から、遊びによって、知的、肉体的、社会的な発達が大きくうながされると証明されています（ウィットブレッドほか、2017年）。

子どもが楽しそうに、夢中になって遊んでいるなら、今は自由にさせるときなのです——学業は待ってくれます。

❹ゲームをしましょう

一緒にボードゲームやカードゲームをすると、家族の絆が深まり、数学の能力と読解力と協力の精神がみがかれます。マインクラフトのようなオンラインゲームを通じて、友情を深める子どももたくさんいます。

❺パーティーをしてみましょう

本やゲーム、おやつ、飲みものを用意して、机を花やキャンドルや季節の品で飾りましょう。いつもの勉強もなんだか特別な感じがして、子どもが毎週心待ちにするイベントになると思います。

❻お菓子作りをしてみましょう

子どもがずっと家にいるなら、料理の習慣をつけるにはちょうどよい機会です。パンやスコーン、ケーキ、クッキー、ビスケットなどに挑戦してみませんか。年齢の高い子ならレシピどおりに自分で作れますし、幼い子でも材料を入れたり、こねたり、かき混ぜたりはできるでしょう。

料理には、数学、国語、科学、歴史、芸術までさまざまな要素が入っています。もちろん、将来役に立つスキルですしね。

⑦ できれば外に出ましょう

屋外に出ても問題ないなら、散歩やハイキングに出かけましょう。自然のなかで過ごすと、年齢に関係なく心も体も元気になりますし――リチャード・ルーブの『あなたの子どもには自然が足りない』(早川書房)でも、この点について魅力たっぷりに書かれています――よく自然にふれていると病気になりにくく、たとえ体調を崩しても早く治るという研究結果もあります。

欧州環境政策研究所(IEEP)は、200件以上の研究を検証し、2016年の論文で、「自然は、健康や社会的課題への取り組みに貢献すると科学的に実証されている」と結論づけています。

⑧ 庭の手入れをしましょう

もしも庭のような場所があるのなら、子どもに草むしりや種まきや土いじりを手伝ってもらえますね。繰り返しになりますが、自然にふれるのは健康にもよく、土のなかのバクテリアは、人間の体内細菌などにとって有益だともいわれています。庭がなくても、日当たりのよい窓辺さえあれば、エンドウや花、ハーブなど、室内でも育てられる植物がいろいろありますよ。

❾ 身体を動かしましょう

居間でダンスパーティーをしたり、オンラインのヨガやスポーツ講座に参加したりしてみませんか。バレエや体操など幅広い講座がありますよ。

特に子どもは、エネルギーに満ちあふれていて、身体を動かす必要がありますから、どうすればうまく発散させてあげられるか、視野を広げて考えたほうがよいかもしれません（第3章も参考にしてください）。

❿ 芸術と工作の機会を取り入れましょう

コーヒーテーブルと、周辺の床と壁を新聞紙で覆ったら、絵の具、クレヨン、ノート、ペン、紙、のり、テープ、はさみ、工作に使えそうな家にある不用品を持ってきましょう。年齢が高い子は、ノートに思ったことを書いて気持ちを整理してみるのもよいかもしれません。

⓫ 家事をしましょう

子どもが家に長くいるなら、年齢を問わず、料理や洗濯、窓ふき、寝具の手入れ、植物の世話、床のモップがけ、掃除機かけ、ほこり払い、食事のメニュー作りなど、家の仕事を覚えてもらいましょう。

(完璧ではないでしょうが)子どもたちのお手伝いを、ゆっくりと、気長に楽しんでください。小さい子でも、窓にスプレーをかけたり、机を拭いたり、洗濯した靴下をそろえたり、食事の準備を手伝ったりはできるでしょう。

ご紹介したアイデアは、どの年齢の子も、それぞれの発達に合わせて取り組めるものばかりです。きょうだいを育てているなら、上の子が弟や妹にやり方を教えてあげたりもするでしょう。これはどちらの発達にもよい影響を与えますし、きょうだいの仲も深まるはずです。

できる範囲で自然にふれましょう

どんな年齢の人でも、自然にふれるのはとても大切です。自然のなかで過ごすと肉体的、精神的、情緒的に健全でいられ、勉強の効率も上がり、ADHDの症状も軽くなると、多くの研究で証明されています。

リチャード・ループは、「自然のなかで過ごすのは、ただの気晴らしではない。

子どもの健康のために、欠かせない投資なのだ（そして同時に、私たちのためでもある）」と述べています。

先が見えない時期や社会的危機にさらされた状況においては、公園や海辺や郊外に行くのもむずかしいかもしれませんね。


フォレスト・アンド・ビーチ・スクールでリーダーを務めるレイチェル・スティーブンスは、こんな励ましの言葉を寄せてくれました。

「みなさんにはぜひアウトドアに出かけてほしいと思います。自然世界を学び、自然とつながれる機会だと思うので。自然のなかで過ごすと、どんな年齢の人でも肉体的、精神的に健全でいられると証明されています。その秘密の1つは、自然のなかでの体験は、大人にとっても子どもにとっても等しく特別なもので、自信を与えてくれることです」

「〝自然〟とは、遠く離れた場所にあるわけではないのを忘れないでください。わざわざ海辺や森に行く必要はありません。いつでも、どこにでもあるんです――窓の外に、敷石の隙間から芽を出す草花や、屋根のひさしに作られた鳥の巣などが見えるように――。私たちが普段から接しているものなのです」

「まずは、小さなことから始めてみましょう。自然のなかで過ごすのは、自然に包まれているか、いないかという二択ではありません。定期的に外出するのがむずかしければ、次のようなことから試してみてください」

●窓際で植物を育ててみましょう。

クレス（コショウソウ）は小さくて育てやすく、おいしくていいですよ。

●窓辺に〝座る場所〟を作って外を眺めてみてください。

どんな木や草、花が生えているのか調べたり、いろいろな鳥を見たり、雲がどんなかたちに見えるか連想ゲームをしたり、月の満ち欠けを記録したりしてみましょう。

●室内に自然を取り入れましょう。

小枝や松ぼっくり、葉は拾い放題です。遊びに使ったり、工作に使ったり、部屋に飾ったりできますね。鉢植えや花を置くのもいいでしょう。

幼児に特におすすめの学びと遊び

どんな年齢でも、子どもとずっと家にいると、さまざまな機会と試練が訪れます。なかでも、私が一番よく質問を受けるのは、幼児との過ごし方についてです。

たいていの赤ちゃんは、抱きあげられたり、だっこひものなかにいたり、話しかけられたり、単純なおもちゃとちょっとしたスペースがあったりすれば、家で機嫌よく過ごせます。

小学校に行くくらいの子やティーンエイジャーなら、何をして時間を過ごすか、自分で考えられますが、**幼児の場合は、それぞれにふさわしい楽しめる活動を、パパやママが考えてあげる必要があります**（赤ちゃんを昼寝させたいときや、お兄ちゃんお姉ちゃんの活動に手を貸したいとき、あるいはちょっと休憩したいときは特に、1人で何かしていてほしいと思いますよね）。

幼児について念頭に置いておくことがあるとすれば、1つだけ。この年代の子どもは、とにかく忙しく動き回ります。

これまで数えきれないほど、子どもがじっとしてくれないというパパやママの悲痛な訴えを聞いてきましたよ！　気持ちはわかります。疲れているときは、「でっかくてこわい恐竜」になって部屋で暴れまわるのではなくて、1時間くらい静かに座って絵でも描いていてくれれば、と願わずにはいられませんよね。

とはいえ、こうした子どもの落ち着きのなさは、いたって普通のこと――健全に育っている証拠なんです。

幼児が自己表現できるようになるには

モンテッソーリの教育者シモーン・デイヴィスの『おうちモンテッソーリはじめます』(永岡書店)には、こう書かれています。

「幼児の欲求は、主にさまざまな手の使い方をする(握ったり、身体の中心線を越える動きをしたり、ものを運んだり、両手を使ったり)、全身運動をする、自己表現をする、コミュニケーションをとるところにある。モンテッソーリ教育では、幼児向けの活動は5種類に大別される。①目と手の協調、②音楽や運動、③日常生活(家事)、④芸術と工作、⑤言葉です」

つまり、幼児には身体を動かす機会と、日常生活の練習と、遊ぶ時間と、読み聞かせをしたりオーディオブックを聴いたりする時間と、毎日の出来事について一緒に話す時間と、ブロックや人形のように豊かな遊び方ができるおもちゃがあると、自己表現できるようになるということです。

それでは、この年代の子どもが楽しめる具体的なアイデアをご紹介しましょう。

幼児が楽しめる学びと遊び

※水遊び

タオルを敷いて、プラスチックコップや洗剤の空容器、おもちゃを用意します。外でやるなら葉や花があると、〝おいしいスープ〟が作れるでしょう。

※粘土遊び

安全に扱える食器や小枝、花、貝殻、葉、動物のフィギュア、スタンプ、クッキーカッターなどがあると、楽しく遊びを広げられ、手の筋肉も発達して、鉛筆を持つための練習にもなります。

「宇宙人」作りをすると、本物らしく作りたいという完璧思考から解放されます。粘土のカップケーキを作るのもいいですね。

❊かばんを使った遊び

幼児はおもちゃやさまざまなものを、かばんや小さなバッグに入れるのが大好きです。小さな袋やかごなどを集めておいて、好きに出し入れさせましょう。また、大きいかばんやスーツケースにものを入れるのも好きな子が多いので、旅行ごっこだと言って、ちょっと大きいものを渡して、荷物を詰めてもらってください（室内でキャンプごっこをしたり、隠れ家を作ったりするのも、いいかもしれません）。そのときに、本を使って外国について学んだりすることもできます。

❊パズル遊び

幼児ならつまみのついた単純なもの、もう少し大きい子ならもう少しむずかしいものを用意しましょう。

❊ぬいぐるみやフィギュアを使った遊び

情景に合わせて家事の道具や段ボール箱、さらには屋外も使って。ボール紙を緑色と青色で塗れば、野原と川が作れますし、じゅうたんのはぎれがあれば人形の家の材料に。草を摘んでくればジャングルができますね。

❊ものや絵を使って、分類する遊び

たらいに水を張って、浮くか沈むか、磁石がくっつくかくっつかないか、生きているか生きていないか、果物か野菜か、などから始めてみましょう。

❊けんけん遊び

外ならチョークで線を引いて、部屋のなかならマスキングテープを使って。

❊ブロックやマグネットタイルで作品を作る

フィギュアやぬいぐるみ、がらくた、はぎれなどを活用して、創作の幅を広げられます。

❊絵合わせゲーム

幼児なら絵と絵を結びつけるもの、もう少し大きい子なら絵を単純な言葉と結びつけるものなど。

❊キネティックサンド遊び

型や貝殻や自然の小物を使って。

❊お薬作り

食品着色料や重炭酸ソーダ、酢、水を使って、お薬に見立てます。ピペットやプラスチックコップ、スプーン、浅い鍋などを使うとより楽しめます。流しやバスタブ、庭で。

※段ボールで家作り
色をぬって飾りつけしましょう。ふきんをカーテンにすれば、人形劇もできますね。

※掃除
イスやおもちゃをどかして、床もきれいにします。こうした大仕事によって「全力で働く」機会が生まれます。全身を動かす大切な時間にもなります。

※ビーズ／マカロニ通し
ただし、ビーズ遊びは手当たり次第にものを口に入れなくなってから。また、必ずそばで見守りましょう。

※簡単なお裁縫
幼児は先がとがっていない刺繍用の針と布で、もう少し大きい子なら簡単なつくりの針と糸を使って（必ずそばで見守りながら）。

※シールブックや、何度も書いて消せる本遊び
年上のきょうだいが課題をやっているときに、となりに座って真似っこできるのでいいですよ。

※雑誌や新聞を切り抜いてコラージュ作り

❊クッションやイスを使って障害物コース作り

❊毛布でとりで作り

❊ステンシルやスタンプ遊び

❊ビデオ通話

離れたところに暮らす家族がいたら、たとえばおじいちゃんおばあちゃんにビデオ通話で本を読んでもらったり、お話をしてもらったり、同じ料理を作ってリモート夕食会をしてみては。

また、簡単な楽器を使って演奏したり歌ったりして、携帯電話などで録音したものを送ってみるのもよいかもしれません。

❊大騒ぎ

格闘ごっこ、追いかけっこをしたり、「靴下ゲーム」をして、相手の靴下を脱がそうとするなどしてみましょう。

こうした活動によって、子どもはレジリエンスが育ち、感情のコントロールができるようになり、両親との絆を深め、ストレスや緊張を解消できるという研究結果があります。おしまいと言ったらおしまいにする、同意なしにくすぐったり勝負をしかけたりはしないこと。

この年頃の子どもはたいてい、あなたがいる場所で遊んだり活動したりしたがるでしょう。もしも家で仕事をしたり、上の子の相手をしたりしなければならないときは、あなたの目の届く範囲で遊びに集中できるスペースを作ってあげるといいですね。

小学生に特におすすめの学びと遊び

小学生の子どもがいたら、「おくれをとらない」ように学校同様にきっちり勉強をさせないと、とプレッシャーを感じているパパ、ママもいるかもしれません。ですが、最初にお話ししたとおり、子どもは生まれついての勉強家です。家で親子一緒に過ごすのは、子どもの学びを支え導く絶好の機会になりますよ。

とはいえ、あなたは子どもの興味に従うのですから、必要以上に介入してはいけません。

パパ、ママの役割は、子どもが学びを発展させられるように後押しし、アイデアを出し、興味をひく材料を与え、サポートし、うまく誘導し、優れた本を見つけ、考えを深められる質問を投げかけて子どもの能力や理解力をやさしく押し広げ、ややこしいプロセスを簡単にしてあげることです。

第2章に登場したアニー・リッドアウトに、再び話を聞きました。現在6歳と3歳の子どもと赤ちゃんを抱え、突然の自宅学習を迫られながら夫婦で在宅ワークに奮闘する女性です。

「学びという面では、朝起きたときに詩を読んでいます――パティ・スミスやブライアン・パットン、クリスティーナ・ロセッティ、ジョン・キーツなどを。そして感じたことを書いています。今も助かっていますが、〝元の生活〟が戻ってきても続けるつもりですよ。1日の始まりにとてもよいので。

それから末っ子がまだ寝ているなか、私か夫のどちらか（交代制にしています）と上の子2人が、9時に台所のテーブルにつきます。そこで読み書きや算数の勉強をします。その後は家や庭でたっぷり遊んで、散歩に出ます。

午後は、上の子たちはオンラインで勉強の時間。それが終わると、歌ったりギターやピアノを弾いたり、絵を描いたり工作をしたりしていますね。

私たち夫婦は、子どものニーズに合わせつつ、柔軟に優先順位をつけて仕事をするのにだいぶ慣れました。それぞれがやるべきことをこなしています。今のところ、ポイントはこの柔軟性ですね」

成長と自立を助ける学びと遊び

今は子どもを追い立てずに、好きな遊びに没頭できる時間を存分にあげられる素晴らしいときでもあります。

そんななかでも、子どもが読み書きや算数、科学などの能力や知識をはぐくみ、自分を取り巻く世界をより理解するのを助けてくれる楽しい活動はたくさんあります。その一部をご紹介しますね。

小学生が楽しめる学びと遊び

- 本を作ってみましょう。
  紙をたばねてホッチキスでとめるだけ。文章を書いても、絵を描いても、調べたことをまとめても、デザインを載せてもいいですね。
- 今の歴史をまとめてみましょう。

オンラインで誰かにインタビューしたり、写真をとったり、日記をつけたり、ゆかりの品を集めたり、ドキュメンタリーを撮影してみたり……別の年代の歴史をひもといて比較もできますね。

❊家族へ手紙を書きましょう（絵でもいいですよ）。

❊友だちや、離れたところにいる家族とビデオ通話をしましょう。

❊レゴで大作を作ってみましょう。毎日少しずつ進めてみてもいいかもしれません。

❊折り紙をしてみましょう。いろいろな折り方が、インターネット上で無料で公開されていますよ。

❊ジオラマを作りましょう。シリアルの空き箱を土台にして、乾燥すると固まる粘土や模型製作用ワックスを使って小物を作って飾りましょう。

❊編み物をしてみましょう。もしもあなたが棒針編みやかぎ針編みを子どもに教えられたら、オーディオブックを聴いている間などに手を動かす静かな活動にぴったりです。

❊ストップモーション動画を作ってみましょう。

インターネット上に、いろいろな無料のソフトウェアやオンラインコースがあります。

☼劇を上演してみましょう。

脚本を自分で書いてもいいですよ。演出や衣装、照明、ＢＧＭもつけてみて。

☼妖精や小人の住む家・庭を作りましょう。

底の浅いお皿を使って、妖精や小人の住む庭を作ってみましょう。葉やクレスの種をあしらい、ボール紙で小さな家を作り、ココット皿に水を張って池にするなど、好きなものを使ってください。これも、インターネット上でさまざまなアイデアが見つかります。

☼ドキュメンタリー番組を観ましょう。

自然を扱ったドキュメンタリー番組を観て、学んだことを絵や文章でまとめてみましょう。

☼映画やテレビ番組を原作と比べてみましょう。

原作を読み、それから映像作品を観て、２つの違いについて話してみましょう。１人のキャラクターの視点から物語をとらえたり、段ボール箱で大道具・小道具を作って、好きなシーンを再現したりしてもいいですね。

❇お裁縫をしましょう。

人形の洋服作りなど、簡単なお裁縫をしてみましょう。

❇科学の実験をしてみましょう。

台所にあるものを使った簡単な実験なら、インターネット上にたくさんのアイデアが紹介されていますし、手ごろな実験キットを買ってもいいでしょう。

❇家族で外国語を学んでみましょう。

何歳になっても、語学の学習は認知能力を大きく発達させます。初心者向けの参考書を買って、1日3単語覚えてみましょう。外国語学習アプリDuolingoなどは無料で使いやすいですよ。

❇オンライン講座を受講したり、教育番組を観たりしましょう。

たとえば、Outschool や Mystery Science、BBC Bitesize、ArteVenture、カーンアカデミー、スカラスティック、KidLit、National Geographic Kids、TedEdなどを活用してみてください。

❇身体全体を描いてみましょう。

子どもの身体の輪郭を紙に写し取って、部位の名称を書いたり、身体のなかの様子を描いたりしてみましょう。参考書を使うとわかりやすくてよいでしょう。

※哲学の問題について、親子で考えてみましょう。専門書を読む必要はありませんよ。おとぎ話や物語、映画、テレビ番組も、人はどのようにふるまうべきか、人にはどう接するべきか、たくさんの問いを投げかけてくれるでしょう。

これらのアイデアは、もう少し年齢の高い子どもが試しても楽しめると思います。パパやママの手助けなしでできるかもしれませんし、発想をさらに広げられれば、弟や妹に教えてくれるようになるかもしれませんね。

自分の興味を追求し始めます

上の子にも、小さな子と同じく熱意を持ってものごとに取り組むよう背中を押し、たくさんの優れた本を読み聞かせ（あなたが読んでもいいですし、オーディオブックを使ってもいいでしょう）、興味を持つものをとことん追求する時間と場所を与えてあげましょう。

この年頃の子どもは、自分の興味を追求できる時間が何よりもうれしいはずです。その興味の対象が恐竜か（娘は目下これにはまっています）、火山か（これは娘の友だち）、教会の鐘（こっちはまた別の友だち）かはわかりませんが！

大好きなものに没頭できると、あらゆる学びの機会が自然に訪れます。化石をきっかけに、どのように種類の異なるさまざまな岩が作られるのか知ったり、ポンペイの歴史をひもといたり、音は振動からどうやって作られるのか調べたり、などといった具合です。

長期にわたって自宅学習をしているなら、そのうちに正規の学習方法を取り入れたいと考えるかもしれません。外国語や算数、科学などを短く実用的にまとめたレッスン教材などです。

もし一時的に自宅学習をする状況に置かれたのなら、あなたにできる最善の働きかけは、子どもの知識を広げ、遊んだり、何かを探求したり、ただのんびりと過ごしたりする時間を子どもに贈ることです。子ども時代にちょっとしたおまけを与えられる機会だと思ってみてください。

ティーンエイジャーを持つパパ、ママへ

ティーンエイジャーが家にいる場合は、ここまでの話がうちにもあてはまるだろうかと思っているかもしれませんね。

もし、あなたが家でティーンエイジャーの自宅学習をする立場になったとしたら、まずは子どもと腰を落ち着けて、学習のゴールに向けて一緒に計画を立てましょう。

考えてほしいことがいくつかあります。

まず、**達成しなければならない目標は何か**（試験対策勉強や、先生に期限を定められた課題など）、それから**子ども自身が達成したいと思う目標は何か**（特に、何に時間をあてたいと思っているか）、そして**あなたに求められていることは何か**（場所を作ってほしい、材料を用意してほしい、ある場面で手伝ってほしい、ある教科はオンラインで家庭教師をつけてほしいなど）、です。

今、世のなかには、さまざまな教科を教えてくれる、質のいい無料のオンライン講座がたくさんあります。オープン・ユニバーシティ（オープン大学）やコーセラやカーンアカデミーなどを検討してみてはどうでしょうか。

家にいるのは、子どもが情熱を傾けて熱中する活動に時間を割ける絶好の機会でもあります。

ひょっとしたら、ドキュメンタリー映画を撮り始めるか、寝室からポッドキャストを始める？　ギターをマスターする？　小説を書き始める？　自分でデザインして洋服を作る？　コンピュータを自作する？　サワードウブレッドを作れるようになる？　車を分解して、元通りに組み立て直す？

親子で大まかな進め方を決めると、お互いに納得できますし、必要なときにはきちんと話し合えるでしょう。

家に閉じ込められたティーンエイジャーを支える心構え

中学校の教師からティーンエイジャー対象のコーチとなった、3児の母でもあるマリア・エヴァンスに、ティーンエイジャーを家で支える心構えについて話してもらいました。

「まず1つ目のアドバイスは、小さな子ども同様に生活のリズムを作ってあげることです。ティーンエイジャーも、1日の見通しを立てていたいものです。リズムとスケジュールがあると――家族も必要としているとは思いますが――安心するでしょう」

「それから、その子がより大きなコミュニティに参加できるよう、うながしてあげられませんか。コーラスやアマチュアの劇団など、なんでもかまいません。家の外で、誰かに必要とされ喜ばれるような、仲間意識を感じられる場があるといいと思います。自己肯定感が増し、何より楽しい経験となるでしょう」

「もう1つ、子どもが『成功する機会』を作れないでしょうか。ちょっとした家事でもいいですし、定期的に家族の夕食を用意する、といった大きめの仕事でもいいでしょう。これも自己肯定感を高めるとてもよい方法ですし、日常生活に必要なスキルの大切さを教えられます」

「最後に、ソーシャルメディアを使わせてあげてください。研究からも、スマートフォンを持たない若者は、毎日少しでもインターネットを使う若者よりも幸福度が低いという結果が出ています。一緒にルールを決め、使用状況を見守り、安全な利用方法を教えましょう。友だちとつながりを保ち、流行を追えるのは、子どもにとってとても重要なことなのです」

学校では与えられない学びの可能性が得られます

こうしたアイデアが、自宅学習とは何かを知る手がかりになってくれたらいいなと思います。長期的な取り組みにしろ、一時的な対策にしろ、自宅学習には、学校で与えられる知識や体験をはるかに超えて得られる、学びの可能性があるのです。

あなたの子どもは知識や興味、スキルなどを発展させられる貴重な機会をもっていて、この時期に受けた恩恵は必ず、先の人生にもよい影響を与え続けるでしょう。

あなたが、最高級の教育をほどこす教師である必要はまったくありません。ただ、わが子を理解し、愛し、わが子の学ぶ力を信じていればいいのです。

外に出なくても人と交流はできます

あなたの子どもが、普段は保育施設や学校に通っていようと、もともと自宅学習で育っていようと、ほかの人と交流する機会を持つことは大切です。

たいていの場合、自宅学習の家族には、幅広い交流の機会があります。遊びの約束やグループ活動、合同学習、クラス活動のほか、友だちや離れて暮らす家族を訪ねたり、遊び場やスーパーマーケット、美術館などで新しい友だちに出会ったりと、日常生活にも交流の機会はあふれています。自宅学習は、ただ家にいるだけではありません。

とはいえ、家にこもらざるを得ない状況が起きたとき、友だちと遊びたがる子どもにその機会を与えるのはいささか悩ましい問題となりそうですが、それでも重要な機会であるのは変わりません。

幼い子どもなら、長い期間、パパ、ママ、きょうだいと過ごすだけでも楽しいかもしれませんが、もう少し年齢が高い子だと、友だちに会いたくてたまらなくなる日もあるでしょう。

たとえば、友だちや離れたところにいる家族と定期的にビデオ通話をする時間と場を設けてはどうでしょうか（1日のリズムや週ごとのリズムに組み込んで）。マインクラフトなど、年齢に合わせたゲームを一緒に楽しんでもいいですよね。

こういうときは、普段決めてあるゲーム時間より少し延びても大目に見ましょう。私も気にしていません。というのも、習慣化するほどではないでしょうし、おしゃべりをするのは、画面をただ見ているだけの受け身な姿勢とは違いますものね。

子どもとは事前に話し合って、約束事を決めておきましょう。インターネット上に公開してよいもの、悪いものを確認し、知らない人とはチャットをしない、人に自分の住所を教えない、面と向かって言わないようなことはインターネット上でも言わない、など基本的なルールを教えておきます。

ティーンエイジャーの子どもに対しては、チャットしているときはプライバシーを尊重するよと伝えてください。予定にあらかじめ入れておけば、子どもも安心して、その時間は友だちや特別な相手と気兼ねなく話せるでしょう。

テレビやゲームを使わない活動なら、友だちに手紙を書いてみたらと子どもにすすめてみてはどうですか。

近くに住んでいるなら直接ポストに入れればいいですし、郵送代を節約したければメールにしてもかまいません。封筒には、絵や写真、季節を感じるもの、クイズ、楽しい計画を書いたリストなど、なんでも入れられますね。

私にも経験がありますが、子どもが友だちや家族に会えなくてさびしがる様子を見るのは、本当に心配でつらいものです。ですが、工夫して子どもの友情を支えてあげると、気持ちがずいぶん変わると思いますよ——今だけでなく、あとあとも。

危機的状況のなかでの自宅学習は臨機応変に

もし、あなたがもともと自宅学習を実践していたとしても、緊急事態が起こったり、予想もしなかった事態に巻き込まれたりしたら、あなたの家族もまったく影響を受けずにはいられないでしょう。引っ越しや災害、感染症の蔓延などによって、あなたの日常や計画は吹き飛びかねません。

子どもは学校にこそ通っていなくても、町や施設が閉鎖したら、少人数や大人数での活動や合同学習、遊びの約束など、自宅学習を支える活動も、中止せざるを得ないでしょう。

社会的活動もできず、よく一緒に遊んでいた友だちとも会えなくなりますが、こうした試練を乗り越えるにあたっては、ペースを落として、活動方法を変え、あなたも子どもも肩の力を少し抜くことが大切です。

いつもと違う状況下ではペースを落としましょう

いつもと違う状況での自宅学習について、「本来なら……」と比べてみてもストレスがたまるだけです。

そんなときは、そもそも自宅学習を選んだ理由に立ち返ってみてください。自分のペースで進められる、子どもが、自分が興味を抱いたものを追求しやすくなる、優れた本をすみからすみまで読める、科学や外国語に加えて、ガーデニングや料理など生活に必要なスキルも学ばせられる——どれもこの不安定な時代を導いてくれる大事な要素です。

もう一度言っておきますが、あなたが新しい日常を探っている間、子どもがオーディオブックを聴いて少し部屋で遊ぶだけで、特に何もしなくても問題ありません。自宅学習を実践している者として、あなたはすでに、本来の学びらしく見えないものから、魔法のような成果が生まれると知っているでしょう。

大変だと感じる時期には、カリキュラムはいったんわきに置き、お気に入りの読み聞かせの本をたくさん出してきて、ケーキを焼いて、正式な授業はちょっとお休みしましょう。

アメリカの作家で、『勇敢な勉強家（未訳）』の著者であり、自宅学習のベテランにして、5人の子どもを育て上げた母親でもあるジュリー・ボーガートが、最近、新型コロナウイルスの感染拡大が懸念されるなかでの自宅学習について、こう書いています。

「教育——すなわち学び——は、急いで進めるものではありません。緊急性が高くないと言ってもいいでしょう。ですから、もしもあなた自身が不安定になったり、子どもの勉強がおくれてしまうと不安に駆られたり、きちんと学習を積み重ねられているか心配になったりしたら、それがいつもとは異なる状況がもたらした懸念にすぎないのではと、自分に訊いてみてください。

根拠はないかも？　でしたら、あえてペースを落としましょう。一番効果的に子どもが学習できるのは、私たち親が我慢強く、子どもの能力に合わせたレッスンをおこない、やさしく手助けをするときです。

命をおびやかすものへの恐怖でいっぱいのときは、誰でも混乱し、うろたえて、取り残されたように感じるのは当然です。これでは学べる態勢にあるとはいえません」

「もし、家庭学習を今までのように続けるのが大変だと感じたら、赤ちゃんの頃のやり方まで戻ってみましょう。

今日の授業は10分だけ、というように。明日は朝10分、午後10分にして、これを数日続けます。テーマを変えながら、やりたかったことを全部こなせたと思えるまでやりましょう。今は『急ぐためにゆっくり進めるとき』なのです」

きょうだいの仲は、自宅学習に大きな影響を及ぼします

2人以上の子どもを育てている家では、1日中一緒に家で過ごせるようにきょうだいの仲をよくしておくことは、自宅学習を成功させる大切な要因です。自宅学習を10年やっていようが、ほんの10日間かは関係ありません。

もし子どもがもともと学校に通っていたなら、これはより重要な意味を持つでしょう。1日を通してきょうだいとともに暮らす方法をあらためて学び直すのですから。

モンテッソーリ教育に関するブログを書いており、「シェルフ・ヘルプ(Shelf Help)」のポッドキャストの進行役も務めるニコル・カバノーに、4人の子ども(下は6カ月、上は9歳まで)の母親として、きょうだい関係を良好に保つ秘訣について聞きました。

「子どもは、遊びを通して自分を取り巻く環境や人間関係について知り、学びを深めます。きょうだいに仲良くしていてほしいなら、一緒に遊ばせるのが一番です。きょうだいの仲を深め、絆を強めてくれるでしょう。

ですが、一緒に遊ばせるときには、ともに遊べるものも必要です。特定の年齢の子だけが特定の目的のためにしか使えないおもちゃでは、一緒に遊ぶ気になりません。下の子がイラ立つだけだったり、上の子が加わろうとしない遊びでは、互いに離れてしまうでしょう。

かごいっぱいのブロックや動物のおもちゃ、工作の材料、人形の家などであれば、それぞれが自分に役割があると感じられます。同じようにルールにのっとって遊べるゲームではなくても、その場を共有しながらそれぞれの遊び方を受け入れられます」

さらにこうも話していました。

「あなたには、きょうだいの仲が深まる機会を与える必要があります。親として、一歩下がって子どもたちの関係作りを見守り、共通の興味を見つけ、親が手を出さずにきょうだいの関係を構築させなければなりません。

子どもたちには子どもたちなりの関係があることを尊重してください。あなたにも、自分の人間関係において、友人や旦那さんや奥さんとそれぞれのつながり方があるのと同じで、子どもたちにもあなた以外のところで結ぶ人間関係があるのです。

互いに納得がいかない部分もあれば、隔たりが生まれるときも、張り合うときもあるでしょう。コントロールがむずかしそうなときだけ、ちょっと手を貸せばいいのです」

ここで、子どもたちが一緒に学ぶときに、きょうだい関係によりよい効果がもたらされる方法をご紹介しますね。

きょうだいがよりよい関係になれるアイデア

❶ 子どものよさを信じましょう

本当につらい時期でも、子どものよさを信じましょう。こんなに小さくても全力を尽くしているのだと、あらためて思い出しましょう。

❷ みんなで過ごす時間、一対一の時間のメリハリをつけましょう

赤ちゃんが寝ている間に、上の子と難易度の高い活動に挑戦したり、上の子がゲームをしたり1人で何かに取り組んでいるときは下の子にしっかりつきあったりと、メリハリをつけましょう。

読み書きや算数に取り組むときは一対一で、それからみんなでオーディオブックを聴いたり、ドキュメンタリー番組を観たり、科学実験をしたり、といった具合です。

上の子は、弟や妹の「先生」となるのも楽しいのではないでしょうか。発音や簡単な算数や、外国語の基礎的な単語などを教えてくれるかもしれません。

❸ 比べてはいけません

親がきょうだいを比較すると、親子関係が悪化するだけでなく、きょうだいの関係にもひびが入りかねません。比べてしまうのは自然な感覚でもあります

が、その気持ちを子育てには持ち込まないよう心がけましょう。

もしもきょうだいを比べる発言をしそうになったら、深呼吸して10数えてみてください。

❹ すべての感情を受け入れましょう

上の子が、生まれたばかりの弟や妹をいやがり、いなくなってほしいなんて言ったら、あなたは困ってしまいますよね。そんなときは、「本当はそうじゃないよね、大好きなんだよね」と伝えるよりも、自分の気持ちを吐き出せる安全な場を作ってあげましょう。

きょうだいは、いると楽しいでしょうが、親の愛情を奪い合うライバルと感じてつらくなるときもあります。子どもの感情すべてを、意味があるものとして受け入れましょう。

❺ きょうだいのあたたかさと絆に気づきましょう

大変なときは、問題にばかり目が向きがちですが、たまには、きょうだいが仲良く過ごすやさしいひとときを満喫しましょう――ほんの短い時間だったとしても！

❻ みんなの話を平等に聞きましょう

話を最後まで聞かずに、勝手に結論に飛びついてしまうことはよくあります。ですが、けんかが起きたり、誰かが誰かを傷つけたりしたときは、深呼吸をして少し間を置き、それぞれの子どもの言い分を聞きましょう（どちらも言葉を話せるなら）。

中立な立場を守って、スポーツ実況放送（58ページ参照）をしているように、聞いた話をそのまま繰り返しながら。

7 自分たちで解決できる場を与えましょう

子どもたちが、よいきょうだい関係を築けると信じている様子を見せましょう。さっさと仲裁したり、けんかを打ち切らせたりするのではなく、自分たちで問題を解決できるまで見守るのです。スポーツ実況放送式の相づちも、役に立つかもしれません。

あなたにとっては疑問の残る解決策だったとしても、子どもたちが自分で決めた結果なら、それを尊重しましょう。

8 でも、必要なときにはためらわずに介入しましょう

特に、子どもがきょうだいやほかの子を傷つける恐れがあるときは、ためらわずに間に入りましょう。

万が一、誰かケガがをする事態になったら、「早くとめてあげなくてごめんね、そんなにあなたが怒っているって気づかなかったから」と子どもに謝りましょう。相手を傷つけてしまった後悔と恥ずかしさから、子どもを少しだけ引き離してあげられるでしょう。

きょうだいが同時にあなたを求めてきたらどうする？

上の子の算数につきあうためにようやく腰を下ろしたところで、真ん中の子が「おやつ、おやつ」と叫び出し、その声で赤ちゃんが泣きだしてしまったら。一方の子どもが本を読んでほしがり、もう一方がどうしても一緒に電車のおもちゃで遊びたがったら。けんかした双子が、それぞれあなたに話を聞いてもらいたがったら……。思い当たる経験のある人はいませんか？

子どもがそれぞれ必要なときにあなたの愛情を独り占めできたらいいのですが、現実はそうはいきません（子どもが1人でも、同じことが言えると思いますよ！）。では、子どもたちが同時にあなたを求めてきたら、どうすればいいでしょうか。

きょうだいの間でうまく立ち回るためのアイデア

❊まずは安全を優先して。

誰かが傷つく危険があるなら、すぐに子どもたちを引き離して、それぞれの様子を交互に見ながら落ち着くのを待ちましょう。実際にケガを負った子がいたら、先にその子に対応します。

❊ためらわずに、交互に向き合いましょう。

それぞれにちょっとずつしか目を向けられないときだってありますから。

❊めいっぱい、スポーツ実況放送風に話しましょう。

「2人とも今大変で、こっちに来てほしいんだね。○○ちゃんのところに行ったらいやなんだね。大変なのはわかるよ。でもママも大変なんだ。ママは1人しかいなくて、でも、2人を助けてあげたいって思ってるから」

❊優先順位をつけましょう。

どんなに本を一緒に読みたがったり、一緒に遊びたがったりしている子がいても、トイレに行きたい子が優先ですよね。

上の子の勉強につきあうときは、下の子にお絵描きセットを用意したり、赤ちゃんにミルクを飲ませる前にほかのきょうだいにおやつを渡しておいたり、という具合に事前に準備をしておくとよいでしょう。いつでも前もって用意ができるわけではないですが、うまく立ち回れるようになれば、ラクになるでしょう。

※みんなが絆を深め合える方法を見つけましょう。

一緒に楽しめる本を読んだり、音楽を流してダンスパーティーをしたり、読み聞かせをしたり、庭に出て走り回ったり、映画を観たり——困難な時期でも、家族がふたたび落ち着きを取り戻せる時間を過ごしてみてください。

子どものやる気は、興味とつながっています

「どうすればやる気になるんだろう?」

子どもに靴ひもを結ばせるとき、歯みがきをさせるとき、算数のややこしい問題に取り組ませるとき、学校の課題を期限内に提出させたいときなど、さまざまな場面で、パパやママなら誰しもそう考えた経験があると思います。

実は、答えはわりとシンプルです。子どもたちがやる気になる理由は、私たちとそう変わりません。興味を持てて、具体的な目的や意味があるときです。多くの子どもにとって、学校の勉強は興味を持てず、特に具体的な目的があるとも思えず、重要とも感じらないものです。だからやる気にならないのです。

赤ちゃんが立ち上がろうと何度も挑戦したり、幼児が床にあるブロックを1つひとつかごに入れようと夢中になっていたり、寝る時間をとっくに過ぎているのに、子どもがいつまでも読書を切り上げられなかったりする姿を見るとき、そこに大きなやる気が満ちているのを感じるでしょう。

学びの機会を与えるという観点から言うと、子どもにやる気を出させるには、声のかけ方よりもどう提示するかがポイントになります。

新鮮で、目新しい誘い方をしていますか？　新しいことをさせるときは、もともと興味を持っていたものに関連づけていますか？　学んだ内容をどのように日常生活に生かせるか教えていますか？

自宅学習で4人の子どもを育てているリア・ボーデンも、私と同様の考え方を持っています。末っ子に、家族がそれぞれ1日に飲むお茶の量を表にしてみようと言って、円グラフの書き方を教えたそうです。

自分の生活と全然関わりのないデータを使うのではなく、こんなふうにちょっと取り組み方を変えるだけで学習が身近に感じられます。だから、自宅学習では、よく料理を通して科学と算数を教えるのです。ふさわしい結果を導くために実用的なスキルを使いますし、子どもはケーキやビスケットが大好きですからね！

ほめるだけでは子どものやる気は高まりません

ところで、親も先生もよく使いがちですが、長くは効果を発揮しない方法もあります。ほめることとごほうびです。

パパ、ママの多くは、子どもをほめたり、「よい」おこないに対してごほうびをあげたりするのは、子どもに愛情と喜びを伝え、子どもの自信を高め、好ましい習慣や行動を取れるよう後押しできる正しい方法だと考えがちです。

ところが、これからお話ししていくとわかると思いますが、ほめるのがいつでも正解とは限らないのです。

賞賛とごほうびは表裏一体です。賞賛は主に言葉を使う（書く場合もあります）一方、ごほうびは、おもちゃやシール、チョコレートをあげる、または頭をなでたり抱きしめたりといった身体的表現をすることで、おおむね物理的なものです。どちらも効果はほぼ同じですから、まとめて見ていきましょう。

子どもの成果をほめたり、ほかの子と比べたり、「頭がいいね」「賢いね」「うまくやれたね」というように、人そのものを主体にしたほめ方をしたりすると、ものの見方や考え方が固定される可能性があります。

つまり、頭のよさや熱心に取り組む能力といった性質は、生まれ持った固有のもので、どう取り組むかは関係ないと考えてしまうのです。

頭のよい子どもでも、こういうほめ方をされると失敗を恐れ、「成功しなければならない」という内なるプレッシャーと自負心を抱き、リスクを避けるようになりかねません。

こうした考えを持つと、努力はばかばかしいものと感じてしまいます。自分はもともと頭がよいのだから、ただ「うまく」やればいいのだと思い込んでしまうからです。

そうなると、結局はほめられたり認められたりするためだけに、ものごとに取り組むようになってしまいます。賞賛が目的であって、仕事や活動そのものが目標にならないのです。

反対に、真剣に取り組み、努力するよう励ましたり、結果ではなく過程に対して前向きな言葉をかけたりすると（「とても一生懸命やっていたね」）、成長しようとする意識が生まれます。

頭のよさは生まれつき決まっているものではないし、間違いを恐れずに頑張ったり真面目に取り組んだりすれば、自分はどんどん成長できるんだという考え方です。

挑戦してこそ人は学びます。脳は筋肉でできているから、よく使えばそれだけ発達すると教えるだけで——つまり、成長しようとする意識を身につけさせるだけで——子どもの成績が上がったという研究結果（ブラックウェルほか、2007年）もあるくらいです。

「頭がいい」とほめるのか、「頑張ったね」とほめるのか

クラウディア・ミューラーとキャロル・ドウェックによる有名な心理実験があります。

まず、子どもたちを2つのグループに分けて、簡単な課題を解かせました。

1つ目のグループには、「あなたたちは賢いからうまくできたのよ」と伝えます。もう1つのグループには、「一生懸命やったからうまくできたのね」と言います。

続いて、簡単なものと、よりむずかしいもの、どちらかの課題をさらに選ばせます。すると、2つ目のグループの子どもたちは、よりむずかしい挑戦的な課題を選び、1つ目のグループの子どもたちは「安全な」簡単な課題を選ぶ傾向が見られました。

最後に自己採点するように言われると、1つ目のグループの子どもたちは最大40パーセントも点数を多く見積もったのに対し、2つ目のグループの子どもたちは最大10パーセントでした。

賢いとほめられた子どもの大半は、ほかの子どもたちが同じ課題をどのように解いたかを知りたがりましたが、努力をほめられたグループでは、そういった反応をした子どもは4分の1もいませんでした。

この実験から、子どもに「頭がいい」「賢い」といったレッテルを貼ると、自信を高めてさらに成功するどころか、実際は伸び悩むことになるのがわかると思います。

ほめることが子どものやる気をそいでしまうこともあります

固定された考え方を持たせるだけでなく、賞賛やごほうびによって、子どもの内なる、生来のやる気をそぐ恐れもあります。何かに取り組んでごほうびをあげると、達成できなくなることも多いのです。

ある興味深い実験（グルーセック、1991年）によると、人助けのような「社会的な」ふるまいをほめられた4歳の子どもは、ほめられなかった子よりも、同じような「社会的な」ふるまいをしなくなる傾向があるそうです。

ほかにも、「おりこう」とほめられた子は自分をおりこうとは思わず、ごほうび（言葉でもいいですが）がないと人に手を貸さない場面が多いことから、他人からの賞賛とごほうびは、未就学児から大学生まであらゆる年齢において、子どもの生まれ持ったやる気をそいでしまうと結論づけた研究結果（コーン、1999年、デシほか、1999年）もあります。

安易にほめると、子どもを――大人もですが――〝ほめ依存〟（もっと正確に言えば、ほめられて分泌されるドーパミン中毒）にしかねません。

自分のおこないそのものや、何かをしたときに感じる自分自身の達成感よりも、人がどう反応するかに意識を向けがちになります。ほめられないと自分の成果に誇りを持てず、粘り強く取り組まなくなるのです。

子どもはほめられると、自分のおこないに対して自分がどう感じたかよりも、人からどうほめられるかを気にし始めます。

どんなによかれと思ってほめても、私たちは自分の価値観を軸に据えて、子どもの行動を評価してしまうのです（キャロル・ブラックのエッセイ「子ども、学び、そして学校からの『評価の目』」で書かれている内容に、私はとても同感しています）。

私自身も、賞賛は逆効果だったと感じた経験があります。

学校に通っていた頃、私にとっては比較的簡単な課題をこなしてはよくほめられ、いつも「賢いね」と言われていました。ところがケンブリッジ大学に入学したときに、自分がまったく平均的な人間だったと気づいてがく然としたのです。

自信は砕け散りました。初めてむずかしい課題に直面して、それを乗り越えられるまでには長い時間がかかりました。失敗を恐れ、真面目に研究するのをやめ、先延ばしにし、論文も遅れて出す始末でした。

自信を取り戻せるまで、数年はかかったと思います。善意から出たものであれ、ほめ言葉によって、自分の外側にある基準から外れないようにするプレッシャーが生まれ、ほめられるためにリスクを避けていた子ども時代をあらためて認識したのでした。

ほめなくても子どもを励ますことはできます

「じゃあ、あなたはまったくほめず、ごほうびも与えないで、どうやって子どもがものごとを達成できるよう後押ししているんですか」という声が聞こえてくるようです。子どもがまったくやりたくないことをやらせなければならないときは、どうすればいいのでしょうか。

ここでは、親子の関係を守りながら――罰したりおとしめたりせずに――やる気をそがずに取り組ませたいときに試せる方法を、いくつかご紹介しますね。

ほめずにやる気を出させるアイデア

❶自分がお手本になりましょう

これが、いつでもできるもっとも効果的な方法です！

片付けてほしいなら、自分が片付けてください。落ち着いて話してほしいなら、自分もそうしてください。人にやさしくしてほしいなら、自分も子どもやほかの人にやさしくしましょう。

あなたが歯みがきをする姿、髪をとかす姿、本を読む姿、料理する姿、新しいスキルを身につける姿を、子どもに見せてください。

❷遊び心を持ちましょう

遊びによって、私たちは制約から解き放たれ、一緒に楽しい時間を過ごせます。子どもに何かをさせたいときも、遊びを活用するととても効果的なのです。

ゲーム感覚で挑戦させたり（「10数えるまでにくつ下をはけるかな？」）、ふざけた声色で話しかけたり、お気に入りのぬいぐるみに一緒に歯みがきをさせたりしてみましょう。子どもがその気になるなら、どんな方法でもいいですよ！

❸算数や読み書き、科学などを、興味を持つ分野に取り入れましょう

ひょっとして、あなたの子どもはレポートを書くのはきらいでも、マンガを描くのは好きだったりしませんか。キャッチボールをしながら九九を暗唱したり、磁石をつなげて魚つりのように遊びながら足し算してみてはどうでしょう。

❹やるべきことは、生活リズムに組み込みましょう

継続してやらせるのがポイントです。次の活動に移るときには片付ける、食事の前には手を洗う、食後は食器を台所に下げるなどを繰り返すうちに、やるべきおこないが生活リズムに組み込まれ、だんだん習慣化していくでしょう。

⑤説明しましょう

子どもがまだ小さくても、きちんと説明しましょう。大きくなるうちにだんだん理解も進みますし、あなたもくわしく説明できるようになります。

歯みがきをさせたいなら、虫歯の原因となる微生物について、年齢に応じて話しましょう。正しい礼儀を身につけてほしいなら、穏やかに礼儀正しく話してもらうほうがみんなうれしいのだと伝えましょう。

⑥物語を聞かせましょう

自分が子どもの頃、どんなふうに毎晩片付けを手伝っていたかを聞かせる、あるいは物語を作って、歯みがきぎらいの動物や子どもが、どうやって歯みがきをいやがらなくなり、楽しくできるようになったかお話ししてみてください。

年齢の高い子どもとは、むずかしい仕事をなしとげた人や、試練を乗り越えた人の物語を探してみましょう。

⑦試練も学びだと教えましょう

もし子どもが壁にぶつかって悩んでいたら、そうやってもがくなかでも学んでいるのだと、気づかせてあげましょう。3歳くらいからは、脳に粘土のような「可塑性」があることを説明し、練習すればするほど上手になれると教えてあげてもいいでしょう。

❽ 子どもへの期待を見直してみましょう

あなたの期待は、子どもの発達に見合っていますか。子どもは本当に、あなたの要求に応えられるだけの成長段階にあるのか、それともあなた自身が、子どもにやらせなければならないという外からのプレッシャーにさらされているだけなのか、どちらでしょうか。

ほめなくても子どもと喜びを分かち合えます

よく寄せられるのが「ほめるのもごほうびもダメなら、どうやって子どもと喜びや幸せを分かち合えばいいんですか?」という質問です。

ほめたりごほうびをあげたりしないと、一緒に喜べないと思うのかもしれませんね。でも、しょっちゅうほめていなくても、あなたが子どもをどんなに愛しているか、認めているかはちゃんと示せます。

次の3つには、違いがあるのがわかりますか。


❊子どもの好ましい行動を習慣づけたり、悪い行動を変えさせたりするために、ほめる。

❊間違えようのない状況で、子どものしていることが正しいとき、事実としてそれを教える。特に子どもから聞かれたとき（たとえば「この文字は〝F〟だと思うけど、あってる？」「そうだね、あってるよ。〝F〟だね」とか、「ちゃんとくつはけてる？」「うん、はけているよ」といった具合に）。

❊子どもの喜びやうれしさに、心から共感する。


さて、どうすればほめなくても子どもと喜びを分かち合えるでしょうか。

「自分は認められている」と子どもに感じてもらうためのアイデア

❶子どものしていることに興味を示しましょう

子どもに意識を向け、子どもがしていることに興味を持っている姿を見せるのは、やる気を引き出すとてもよい方法です。子どもの活動や努力を尊重している気持ちを示しましょう。

話すときはちゃんと目を合わせて、遊ぶときは一緒に床に座って、子どもの活動はしっかりと見守って、その内容について一緒に話しましょう。どれも、子どもを気にかけていると伝えるよい方法ですよ。

❷ あなたの素直な意見を伝えたり、質問したりしましょう

たとえば、「ママ、見て見て、恐竜を描いたよ！」「ああ、ほんとうだ。緑の恐竜を描いたんだね。ここにある小さい赤いのはなあに？　この恐竜、お名前はあるの？　見てるとワクワクしてくるね。あなたもそう？」というやりとりをしてみましょう。

繰り返しますが、子どものしていることに、あなたが本当に興味を持っている気持ちを伝えましょう。

❸ 「ありがとう」と言いましょう

子どもが手伝ってくれたら、「ありがとう」と言いましょう。他人に何かをしてもらったときと同じです。子どもは小さくても立派な1人の人間で、大人同様に扱うべき存在であるのを忘れないでください。

「にんじんを切ってくれてありがとう。ママがやってほしかったとおり、とってもきれいに切れたね」と具体的に感謝を伝えてもいいですね。

これは、「手伝いができておりこうだね！」と言うのとはまったく違います。本当に感謝していたら、態度を誤ることはないでしょう。

食べ物を床にこぼさないよう注意したあとは、本当に感謝していたら「床にもう食べ物を落とさないでくれて、ありがとう」と言えばいいのです。

❹ 大好きだと伝えましょう

あなたが喜ぶことをしてくれたときだけでなく、いつでも大好きだと伝えましょう。いくら言っても言い過ぎにはなりませんから！

ほめ言葉を使わなくても、「一緒に遊ぶの、大好きだよ」「一緒に本を読むのを待ちきれないな」とか、「一緒に過ごせて本当に楽しいよ」と何度でも心を込めて語りかければ、子どもをどれほど大切に思っているかは伝わります。

厳しくするとき、子どもの行動に大きな問題があったときなどは特に、言葉やふれあい、話し方を通じて親の愛情を思い出させてあげましょう。

❺ ときには、何もしないで

口を出さず、手も出さず、子どもが心ゆくまで満足できる場をあげましょう。

新しい技術を身につけたり、課題がうまくできたりしたとき、満足させるためにほめる必要はありません。

第4章のまとめ

1 子どもは生まれついての勉強家です。パパ、ママは、これまで実際にその姿を見てきたと思います。誕生したその日から、子どもは自分を取り巻く世界を吸収し、耳にする音や目にするものの意味を知り、身体の動かし方を学んでいきます。

2 子どもの自然な好奇心を刺激したければ、喜んで質問を受け、パパやママもすべての答えを知っているわけではないと伝え、学び、発見する方法を一緒に探しましょう。

3 家は、どこよりも最高の学びの場です。子どもが一番リラックスできて、安心できて、くつろげる場所でしょう。ストレスから解放されれば、情報はたやすく脳に保存されます。

4 たくさん本を読みましょう。たとえ3カ月間、さまざまな本を読み聞かせるだけでも、子どもはすこやかに日々を過ごせると思います。オーディオブックも便利ですよ。

5 自宅学習には、学校で与えられる知識や体験をはるかに超えて得られる、学びの可能性があります。あなたの子どもは知識や興味、スキルなどを発展させられる貴重な機会をもらっていて、この時期に受けた恩恵は必ず、先の人生にもよい影響を与え続けるでしょう。

6 1日中一緒に家で過ごせるように、きょうだいの仲をよくしておくことは、自宅学習を成功させる大切な要因です。子ども同士を比べず、自分たちで問題を解決するのを見守り、一緒に楽しめる活動やテレビ番組などを見つけましょう。

7 結果をほめると、考え方が固定されてしまう可能性があります。真剣に取り組み、努力するよう励ましたり、結果ではなく過程に対して前向きな言葉をかけたりすると（「とても一生懸命やっていたね」）成長しようとする意識を身につけられるでしょう。

あなたは十分頑張っています

物事が目まぐるしく変わっていく、先が見えない不安な時代に子育てを続けるのは、とても大変です。

ただベッドから起き上がるだけのことが、とんでもない大仕事のように感じる気持ち、よくわかります。頭のなかが、考えごとや不安、やらなければならないこと、仕事でいっぱいになってしまう気持ちも、わかります。1人になれる場所がないから仕方なくトイレにこもっていると、外から子どもがドアをバンバン叩いてくる。でも、涙が止まらない……そんな気持ちも痛いほどわかります。

子どもにとって最高の親でいたいと思う一方で、ときどき、「自分にしてあげられることなんて何もない」とも思ってしまうんですよね。

でも、大丈夫。大きく変わってしまった世界でも、あなたは親としてきちんと立ち向かっています。困難な状況を乗り越える力を持っています。子どもは新しい環境にすぐなじんでいくもの。うまくいかなかった日をいつまでも根に持ったりしません。

子どもに必要なのは、あなたの存在そのものです。親として、子どもと一緒に成長していくなかでも、それは変わりません。今この瞬間も、あなたはそのままで、立派に親としての役割を果たしているんですよ。

あなたは十分頑張っています。

あなたこそ、いつだって子どもにとって最高のパパ、ママなんです。

謝辞

「子どもは村で育てるもの」と言われます。この本の執筆にあたっても、多くの方の助けが必要でした。素晴らしい相談者のみなさんとコミュニティの支えがなければ、本書を書き上げられなかったでしょう。

みなさん、私をずっと励まし続けてくれました。数々のご提案や、応援の言葉をくださり、ご自身のことを惜しみなく話してくださいました。ほんとうにありがとうございました。

素晴らしく有能なエージェントである、フェリシティー・ブライアン・アソシエイツのキャリー・プリットがいなければ、本書の企画は実現しなかったと言っても過言ではありません。キャリー、あなたは本書のためにたくさんのエネルギーとスキルをつぎ込んで、私がアイデアをまとめるのを助け、たった4日のうちにふさわしい出版社を見つけてくれました。しらせを聞いたときは、信じられませんでしたよ。制作過程の負担を、限りなく減らしてくださったあなたの穏やかなサポートのおかげで、私は本当に安心して執筆に取り組めました。

スクライブ・パブリケーションのきわめて優秀で才能あふれる編集者、サラ・ブレイブルックとモリー・スライトがいてくれたおかげで、本書はふさわしい体裁を整えられました。画期的なアイデアや鋭い指摘をいただき、細部に至るまでていねいに内容を確認してくださったことに感謝を申し上げます。

また、アダム・ハワード、イーファ・ダッタ、エミリー・クック、テイス・ケリーをはじめとするスクライブの制作チームのみなさんは、最初から最後まで最高のチームとして私を支えてくれました。並々ならぬ情熱を持って本書に携わり、不可能に思えたにもかかわらず、これほど短期間で出版までこぎつけてくださり、ありがとうございました。

相談者とのお仕事やコースの指導業務で忙殺されるなかでも執筆を続けられたのは、ひとえに非凡なアシスタントのサラ・スターズのおかげです。彼女がいなければ、本書を無事に書き上げられたかどうかわかりません。

本書は、数々の引用とインタビューの助けを借りて、とても味わい深い1冊に仕上がりました。忙しい合間を縫って取材に応じてくださったみなさんに心から感謝を申し上げます。

特にダン・グリーン、アニー・リッドアウト、カリーニ・ロビン、ジョディ・ガロッドには惜しげもなく時間を割いて助言をいただきました。ありがとうございました。

世界規模の感染症が猛威をふるうなかで、友人や家族にも会えない状況にありながら、初めての本を書くのは、どんな作家にも想像できない気持ちを味わうものでした。

ピッパ、私がプレッシャーに負けずに、頑張れることを思い出させてくれてありがとう。エリノアとセブ、この不安定な時期を一緒に支え合えてよかった。キャシーとトム、いつもコーヒーを飲みながら遊び場で私の話につきあってくれてありがとう。ジェイミー、アシュレイ、リサ、あなたたちは私にとって、オンライン上の最高の自宅学習仲間になってくれました。ヘレンとフレイヤ、何度も予定をキャンセルするたびに、事情を理解してくれてありがとう。ジェス、あなたが思う以上に、私はあなたに救われました。マチルダ、さまざまな方法で私を導いてくれてありがとう。

素晴らしい義理の両親、ジルとダンにもお礼を。私が仕事をしている間、スカイプでフリーダに読み聞かせをしてくれたり、ほかにもあらゆる面で助けてくださって、ありがとう。

大好きなおばあちゃん、私を励ましてくれてありがとう。インターネット上でうちの花を見せるのは、執筆中の私にとって大きな喜びでした。そして大好きなおじいちゃん、フリーダとグリーンピースを植えるたびに、おじいちゃんを思っています。

妹のディランと弟のエデン――私がティーンエイジャーであなたたちがもっと小さかった頃、子育ての練習をさせてくれてありがとう。おかげで、あなたたちが成長していく喜びと、今の2人と仲良くできる喜び、2つの喜びをもらいました。

私が豊かな子ども時代を過ごせたのは、両親のおかげです。お父さんのジェームスは、私がこれまで出会った人のなかで最高の語り手です。夜のバルコニーでの会話や、教育についての話のすべてにありがとう。お母さんのアニェスは、ありふれた日々に奇跡と喜びをもたらしてくれます。誠実に生きる意味を示し、どうしたら母になれるか心から教えてくれてありがとう。

夫のサム――私の至らないところだけでなく、すべてを支えてくれてありがとう。あなたがいなければ、本書の執筆はかないませんでした。自宅学習に取り組み、あらゆる仕事を一手に引き受けながら、時間を見つけては私にお茶を持ってきてくれて感謝しています——お茶はいつも冷めてしまったのだけれど。あなたと結婚できて幸せだし、一緒のチームでいられて本当にうれしいです。

愛するフリーダ——あなたこそが本書の存在理由です。あなたを育て、教え導くのは人生最大の名誉であり喜びです。あなたのママになれたのは、想像をはるかに超える素敵なことでした。私のすべてであなたを愛しています。あなたでいてくれて、ありがとう。

エロイーズ・リックマン

［著者］

エロイーズ・リックマン（Eloise Rickman）

世界中にクライアントを持つ、子育てコーチ。ケンブリッジ大学で社会人類学を修めた後、助産師としてトレーニングを積む。子ども時代の経験がその後の成長に多大な影響を与えると気づいたことをきっかけに、0歳から愛娘・フリーダのホームエデュケーションを始め、現在にいたる。インスタグラム@mightymother_で世界中に自らの経験と科学的根拠に基づいた子育て情報を発信するとともに、オンライン講座を開催している。ロンドン在住。2020年のコロナ危機下のイギリスで緊急出版されベストセラーとなった本書が初めての著書。

［訳者］

山内めぐみ（やまうち・めぐみ）

学習院大学文学部ドイツ文学科卒。英語・ドイツ語翻訳者。主な訳書に『脳の指令は新幹線よりも速い！』（主婦と生活社）、『アベンジャーズ大全』（小学館集英社プロダクション）、『33の法則』（さくら舎、共訳）、『マヌエル・ノイアー伝記』（実業之日本社、共訳）など。

モンテッソーリ式 おうち子育て

——自己肯定感が育つ遊び方、学び方

2021年3月2日　第1刷発行

著　者——エロイーズ・リックマン
訳　者——山内めぐみ
発行所——ダイヤモンド社
〒150-8409　東京都渋谷区神宮前6-12-17
https://www.diamond.co.jp/
電話／03･5778･7233（編集）　03･5778･7240（販売）
装丁デザイン—岩永香穂（MOAI）
イラスト——よしだみさこ
翻訳協力——株式会社トランネット（www.trannet.co.jp）
ＤＴＰ———中西成嘉
製作進行——ダイヤモンド・グラフィック社
印刷・製本—三松堂
編集担当——木山政行

ISBN 978-4-478-11216-8

＊本書掲載の各情報のソースは、
https://www.diamond.co.jp/go/pb/ouchi.pdf を参照。